COLLECTION HETZEL.

L'HOROSCOPE

PAR

ALEX. DUMAS.

II

Édition autorisée pour la Belgique et l'étranger,
interdite pour la France

BRUXELLES,

OFFICE DE PUBLICITÉ,
MONTAGNE DE LA COUR, 39

1858

L'HOROSCOPE.

Bruxelles. — Imp. de E. Guyot, succ. de Stapleaux,
rue de Schaorbeek, 12.

L'HOROSCOPE

PAR

ALEX. DUMAS.

2

BRUXELLES,

OFFICE DE PUBLICITÉ,

MONTAGNE DE LA COUR, 39.

1858

I

Arrivé devant la porte de l'appartement qu'occupait au Louvre, en sa qualité de chambellan du
roi, M. le maréchal de Saint-André, l'amiral
frappa ; mais la porte, lentement poussée, céda
sous son doigt et s'ouvrit sur l'antichambre.

Dans l'antichambre se tenait un valet assez
effaré.

— Mon ami, dit l'amiral au valet, M. le maréchal est-il visible malgré l'heure ?

— Certainement, M. le maréchal le serait

toujours pour Son Excellence, répondit le valet ; mais un événement inattendu vient de le forcer de passer chez le roi.

— Un événement inattendu ? dit Condé.

— C'est un événement inattendu qui, nous aussi, nous amène chez lui, dit M. de Coligny, et il estprobable que c'est le même. N'est-il pas question d'une pierre qui aurait brisé une de ses fenêtres ?

— Oui, monseigneur, et qui est tombée aux pieds de M. le maréchal au moment où celui-ci passait de son cabinet de travail dans sa chambre à coucher.

— Vous voyez que je connais l'événement, mon ami, et, comme peut-être je pourrais mettre M. le maréchal sur les traces du coupable, j'aurais désiré conférer avec lui sur ce sujet.

— Si M. l'amiral veut l'attendre, répondit le valet de chambre, et en l'attendant passer chez mademoiselle de Saint-André, M. le maréchal ne tardera probablement pas à rentrer.

— Mais mademoiselle n'est peut-être pas réveillée en ce moment ? demanda le prince de Condé ; et pour rien au monde nous ne voudrions être indiscrets.

— Oh ! monseigneur, dit le valet de chambre qui avait reconnu le prince, Votre Altesse peut être rassurée. Je viens de voir une des femmes de mademoiselle, et elle a dit qu'elle ne se mettrait point au lit que son père ne fût rentré et qu'elle ne sût ce que signifiait cette lettre.

— Quelle lettre ? demanda l'amiral.

Le prince le toucha du coude.

— C'est bien simple, dit-il, la lettre qui probablement était attachée à la pierre.

Puis, tout bas à l'amiral :

— C'est une sorte de façon de correspondre que j'ai plus d'une fois employée avec succès, mon cousin.

— Eh bien, dit l'amiral, nous acceptons votre offre, mon ami ; demandez à mademoiselle de Saint-André si elle peut nous recevoir, monseigneur le prince de Condé et moi.

Le laquais sortit, et, au bout de quelques secondes, rentra, annonçant aux deux seigneurs que mademoiselle de Saint-André les attendait.

Alors, précédés du valet, ils s'engagèrent dans le corridor qui conduisait à l'appartement de mademoiselle de Saint-André.

— Convenez, mon cher prince, dit à demi-voix l'amiral, que vous me faites faire un singulier métier.

— Mon cher cousin, dit Condé, vous connaissez le proverbe : Il n'y a pas de sot métier, surtout parmi ceux que l'on fait par dévouement.

Le valet annonça Son Altesse monseigneur le prince de Condé et Son Excellence l'amiral Coligny.

Puis on entendit mademoiselle de Saint-André qui, de sa voix la plus gracieuse, disait:

— Qu'ils entrent !

Le valet s'effaça, et les deux jeunes seigneurs entrèrent dans l'appartement où se tenait mademoiselle de Saint-André, et au milieu duquel étincelait ce flambeau à cinq branches, dont le prince, depuis trois mois, apercevait la lumière à travers les vitres et les rideaux de la fenêtre de la jeune fille.

C'était un petit boudoir tendu de satin bleu clair, dans lequel mademoiselle de Saint-André, rose, blanche et blonde, semblait une naïade dans une grotte d'azur.

— Eh ! mon Dieu ! mademoiselle, demanda le prince de Condé, comme s'il était trop ému de crainte pour s'arrêter aux compliments ordinaires, que vient-il donc d'arriver à vous ou à M. le maréchal ?

— Ah ! dit mademoiselle de Saint-André, vous savez déjà l'événement, monsieur ?

— Oui, mademoiselle, reprit le prince; nous sortions du Louvre, M. l'amiral et moi; nous étions justement sous vos fenêtres, lorsqu'une pierre est passée en sifflant au-dessus de nos têtes; en même temps, nous avons entendu un grand bruit de vitres brisées qui nous a effrayés tous deux; si bien que nous sommes rentrés immédiatement au Louvre et que nous avons pris la liberté de venir nous informer près de vos laquais s'il n'était rien arrivé à M. le maréchal. Le brave homme à qui nous nous sommes adressés nous a dit fort imprudemment que nous pouvions nous informer près de vous-même ; que, malgré l'heure avancée de la nuit, peut-être voudriez-vous bien, en faveur du motif qui nous amenait, nous ouvrir votre porte. M. l'amiral hésitait. L'intérêt que je porte à M. le maréchal et aux autres personnes de sa famille m'a fait insister, et, ma foi, mademoiselle, indiscrets ou non, nous voilà.

— Vous êtes, en vérité, trop bon, mon prince, croyant qu'il n'y avait que nous de menacés, de vous inquiéter ainsi à cause de nous. Mais ce danger, s'il existe, s'adresse à des têtes plus hautes que les nôtres.

— Que voulez-vous dire, mademoiselle? demanda vivement l'amiral.

— Cette pierre qui a brisé les vitres était enveloppée d'une lettre presque menaçante adressée au roi. Mon père a ramassé la missive et l'a portée à son adresse.

— Mais, demanda le prince de Condé par une inspiration subite, a-t-on prévenu le capitaine des gardes ?

— Je l'ignore, monseigneur, répondit mademoiselle de Saint-André ; mais, en tout cas, si ce n'est pas fait, on devrait bien le faire.

— Sans doute, il n'y a pas une minute à per--dre, continua le prince.

Et, se tournant vers Coligny :

— N'est-ce point votre frère Dandelot qui commande cette semaine au Louvre ? demanda Condé.

— Lui-même, mon cher prince, répondit l'amiral, saisissant au vol la pensée de Condé ; et à tout hasard je vais lui dire moi-même de redoubler de surveillance, de changer le mot de passe, enfin de se tenir sur ses gardes.

— Allez, monsieur l'amiral, s'écria le prince, tout joyeux d'être si bien compris, et Dieu veuille que vous arriviez à temps !

L'amiral sourit et se retira, laissant le prince de Condé seul avec mademoiselle de Saint-André.

La jeune fille regarda d'un œil railleur s'éloigner le grave amiral.

Puis, se retournant vers le prince :

— Et qu'on prétende maintenant, dit-elle, que Votre Altesse n'est point attachée au roi comme à son propre frère !

— Mais qui a jamais douté de cet attachement, mademoiselle ? demanda le prince.

— La cour entière, monseigneur, et moi particulièrement.

— Que la cour en doute, rien de plus simple, la cour appartient à M. de Guise, tandis que vous, mademoiselle...

— Moi, je ne lui appartiens pas encore ; mais je vais lui appartenir : c'est la différence du présent au futur, monseigneur, rien de plus.

— Ainsi, ce mariage incroyable tient toujours ?

— Plus que jamais, monseigneur.

— Je ne sais pourquoi, dit le prince, mais j'ai, moi, dans la tête, je devrais dire dans le cœur, la secrète pensée qu'il ne se fera jamais.

— En vérité, j'aurais peur, mon prince, si vous n'étiez si mauvais prophète.

— Bon Dieu ! qui donc a ainsi perdu de réputation près de vous ma science astrologique ?

— Vous-même, prince.

— Et comment cela ?

— En me prédisant que je vous aimerais.

— Ai-je prédit cela, vraiment ?

— Oh! je vois que vous avez oublié le jour de la pêche miraculeuse.

— Pour l'oublier, mademoiselle, il faudrait que j'eusse rompu les mailles du filet où vous m'avez pris ce jour -là.

— Oh! prince, vous pouvez bien dire le filet où vous vous êtes pris vous-même. Je n'ai jamais, Dieu merci! tendu aucun filet à votre intention.

— Non; mais vous m'avez attiré à vous comme ces sirènes dont parle Horace.

— Oh! dit mademoiselle de Saint-André, — familière avec le latin comme toutes les femmes de cette époque, presque aussi pédantes que galantes, — *desinit in piscem*, dit Horace. Regardez-moi, est-ce que je finis en poisson?

— Non, et vous n'en êtes que plus dangereuse, puisque vous avez la voix et les yeux des enchanteresses antiques. Vous m'avez, sans le savoir, innocemment peut-être, attiré à vous ; mais j'y suis maintenant et, je vous jure, indissolublement enchaîné.

— Si j'ajoutais la moindre foi à vos paroles, je vous plaindrais sincèrement, prince ; car aimer sans retour me paraît la plus cruelle douleur que puisse éprouver un cœur sensible.

— Plaignez-moi donc de toute votre âme,

mademoiselle ; car jamais homme aimant davantage n'a été moins aimé que je ne le suis.

— Vous me rendrez au moins cette justice, prince, répondit en souriant mademoiselle de Saint-André, que je vous ai prévenu à temps.

— Je vous demande pardon, mademoiselle : il était déjà trop tard.

— Et de quelle ère datez-vous la naissance de votre amour ? de l'ère chrétienne ou de l'ère mahométane ?

— De la fête du landi, mademoiselle, de ce jour malheureux ou bienheureux, où, tout encapuchonnée dans votre mante, vous m'êtes apparue les cheveux dénoués par l'orage et serpentant en torsades blondes autour de votre cou de cygne.

— Mais vous m'avez à peine parlé, ce jour-là, prince.

— Probablement vous regardais-je trop, et la vue a-t-elle tué la parole. On ne parle pas non plus aux étoiles : on les regarde, on rêve et l'on espère.

— Mais, savez-vous, prince, que voilà une comparaison dont serait jaloux M. Ronsard ?

— Elle vous étonne ?

— Oui ; je ne vous savais pas l'esprit si fort tourné à la poésie.

— Les poëtes, mademoiselle, sont les échos de la nature ; la nature chante, et les poëtes répètent ses chansons.

— De mieux en mieux, prince, et je vois qu'on vous a calomnié en disant que vous n'avez que de l'esprit ; vous avez de plus, il me semble, une splendide imagination.

— J'ai dans le cœur votre image, et cette image radieuse illumine jusqu'à mes moindres paroles : n'attribuez donc qu'à vous seule le mérite dont vous me gratifiez.

— Eh bien, prince, croyez-moi, fermez les yeux, ne regardez point mon image ; c'est ce que je puis vous souhaiter de plus heureux.

Mademoiselle de Saint-André, aussi radieuse de la victoire que M. de Condé était humilié de la défaite, fit alors de son côté un pas vers lui, et lui tendant la main :

— Tenez, prince, dit-elle, voici comment je traite mes vaincus.

Le prince saisit la main blanche, mais froide, de la jeune fille, et y appuya ardemment ses lèvres.

Dans ce mouvement mal calculé, une larme qui tremblait au coin de la paupière du prince et que la fièvre de l'orgueil avait inutilement tenté de dessécher, tomba sur cette main de marbre, où elle trembla et brilla comme un diamant.

Mademoiselle de Saint-André la sentit et la vit à la fois.

— Ah ! sur ma foi, je crois que vous pleurez véritablement, prince ! s'écria-t-elle en éclatant de rire.

— C'est une goutte de pluie après un orage, répondit le prince en soupirant ; qu'y a-t-il d'étonnant à cela ?

Mademoiselle de Saint-André fixa un regard de flamme sur le prince, sembla hésiter un instant entre la coquetterie et la pitié ; enfin, sans qu'on pût dire lequel des deux sentiments l'emportait, sous l'influence du mélange de ces deux sentiments peut-être, elle tira de sa poche un fin mouchoir de batiste sans armes, sans initiales, mais tout parfumé de l'odeur qu'elle avait l'habitude de porter, et, le jetant au prince :

— Tenez, monseigneur, dit-elle, si vous étiez sujet par hasard à cette maladie de pleurer, voici un mouchoir pour sécher vos larmes.

Puis, avec un regard qui donnait bien certainement raison à la coquetterie :

— Gardez-le en mémoire d'une ingrate, dit-elle.

Et, légère comme une fée, elle disparut.

Le prince, à moitié fou d'amour, reçut le

mouchoir dans sa main ; et, comme s'il craignait qu'on ne lui reprît ce précieux cadeau, il s'élança par les escaliers, ne se souvenant plus que la vie du roi était menacée, oubliant que son cousin l'amiral devait venir le prendre chez mademoiselle de Saint-André, et ne songeant qu'à une chose, c'est-à-dire à baiser amoureusement ce précieux mouchoir.

II

Ce ne fut que sur la berge de la rivière que s'arrêta Condé, comme s'il eût pensé qu'il ne fallait pas moins que les cinq cents pas qu'il venait de mettre entre lui et mademoiselle de Saint-André pour lui assurer la possession tranquille du précieux mouchoir.

Puis aussi ce fut là seulement qu'il se souvint de l'amiral et de la promesse qu'il lui avait faite de l'attendre : il attendit donc un quart d'heure environ, pressant le mouchoir sur ses lèvres, le serrant contre sa poitrine, comme au-

rait pu faire un écolier de seize ans à son premier amour.

Maintenant attendait-il l'amiral en réalité, ou
restait-il là purement et simplement pour voir
plus longtemps cette lumière qui avait la fatale
influence de l'attirer, brillante phalène, jusqu'à
ce qu'il s'y brûlât?

Au reste, il était bel et bien enflammé, le pauvre prince, et ce mouchoir parfumé contribuait
à l'incendier effroyablement.

Il était bien loin de se croire vaincu, l'orgueil-
leux champion d'amour, et si, cachée derrière
les rideaux de sa fenêtre, la jeune fille eût vu
au clair de la lune une seconde larme, larme de
bonheur, celle-là, briller au bord de la paupière
du prince, elle eût compris sans doute que ce
mouchoir, au lieu de sécher les pleurs, avait le
privilége de les faire naître, et que les larmes de
regret avaient été effacées par les larmes de bonheur.

Au bout de quelques minutes de ces transports
d'amour et de ces baisers frénétiques, un des
sens du prince, qui n'était point occupé, pour se
venger sans doute de ce délaissement où le laissait son maître, fut réveillé en sursaut par un
bruit inattendu. Ce sens, c'était celui de l'ouïe.

Le bruit partait évidemment des plis du mouchoir. On eût dit la danse des feuilles mortes au premier souffle du vent d'automne; ou bien une petite peuplade d'insectes rentrant en foule dans le creux de son arbre après la fête du jour; ou bien encore les notes mélancoliques que font entendre les gouttes en tombant des fontaines au fond des bassins.

C'était enfin un petit froissement pareil à celui que rend sous la main une robe de soie.

D'où venait-il ?

Évidemment, ce charmant petit mouchoir de batiste ne pouvait rendre, de son propre mouvement et par sa seule volonté, un bruit aussi solide pour lui.

Le prince de Condé, étonné de ce bruit, déroula minutieusement le mouchoir, qui lui livra naïvement son secret.

Il venait d'un petit papier roulé qui sans doute se trouvait par mégarde dans les plis de ce mouchoir.

Ce billet non-seulement semblait être imprégné du même parfum que le mouchoir, mais peut-être même ce parfum charmant venait-il, non pas du mouchoir, mais du billet.

M. de Condé s'apprêtait à saisir entre le pouce et l'index le petit papier, avec autant de précaution qu'en met un enfant à prendre par les ailes un papillon posé sur une fleur ; mais, comme échappe le papillon à l'enfant, le billet, emporté par un coup de vent, échappa à M. de Condé.

M. de Condé le vit flotter dans la nuit comme un flocon de neige et courut après lui avec une bien autre ardeur qu'un enfant court après son papillon.

Malheureusement, le papier était tombé au milieu des pierres taillées pour les constructions du palais, et, à peu près de la même couleur que ces pierres, il était difficile à distinguer au milieu des moellons.

Le prince se mit à chercher avec acharnement. Ne s'était-il pas mis peu à peu dans l'esprit (les amoureux sont, en vérité, d'étranges gens !) que mademoiselle de Saint-André l'avait vu sous ses fenêtres, qu'elle avait écrit d'avance ce petit billet pour le lui donner, l'occasion se présentant, et que, l'occasion s'étant présentée, elle le lui avait donné !

Ce petit billet lui donnait probablement l'explication de sa conduite : ce don du mouchoir n'avait été qu'une manière de mettre le billet à la poste.

C'était avoir du guignon, on en conviendra, que de perdre un pareil billet.

Mais le billet ne serait pas perdu ; M. de

Condé en jurait Dieu, dût-il attendre jusqu'au lendemain matin.

En attendant, il cherchait, mais inutilement.

Il eut bien l'idée un instant de courir jusqu'au corps de garde du Louvre, d'y emprunter une lumière et de revenir chercher son billet.

Oui; mais si, pendant ce temps-là, arrivait par mauvaise chance un coup de vent, qui disait au prince qu'il retrouverait le billet où il le laissait ?

Le prince en était là de ses cruelles perplexités, lorsqu'il vit venir à lui une ronde de nuit, précédée d'un sergent tenant une lanterne à la main.

C'était tout ce qu'il pouvait désirer de mieux pour le moment.

Il appèla le sergent, se fit reconnaître, et pour un instant lui emprunta sa lanterne.

Après dix minutes de recherches, il poussa un cri de joie ; il venait d'apercevoir le bienheureux papier !

Cette fois, le papier ne tenta pas même de fuir, et, avec une indicible joie, le prince mit la main dessus.

Mais, en même temps qu'il mettait la main sur le papier, il sentit une main qui se posait sur son épaule, et une voix bien connue lui demanda avec le timbre de l'étonnement :

— Mais que diable faites-vous donc là, mon cher prince ? Chercheriez-vous un homme, par hasard ?

Le prince reconnut la voix de l'amiral.

Il rendit vivement la lanterne au sergent, et donna aux soldats les deux ou trois pièces d'or qu'il avait sur lui et qui faisaient probablement, pour l'heure, toute la fortune du pauvre cadet de famille.

— Ah ! dit-il, je cherche quelque chose de bien autrement important pour un amoureux qu'un homme ne l'est pour un philosophe : je cherche une lettre de femme.

— Et l'avez-vous trouvée ?

— Par bonheur ! car, si je ne m'étais pas obstiné, il y avait probablement demain une honnête dame de la cour affreusement compromise.

— Ah ! diable ! voilà qui est d'un cavalier discret. Et ce billet...

— N'a d'importance que pour moi, mon cher amiral, dit le jeune prince en l'assujettissant avec la main dans la poche de côté de son pourpoint. Dites-moi donc, pendant que je vais vous reconduire rue Béthisy, ce qui s'est passé entre le maréchal de Saint-André et le roi.

— Par ma foi ! quelque chose de fort étrange : une lettre de remontrances relatives au supplice du conseiller Anne Dubourg annoncé pour le 22.

— Ah çà ! mon cher amiral, dit en riant le prince de Condé, cela m'a tout l'air de venir de quelque enragé qui aura mangé de la vache à Colas.

— J'en ai, par ma foi, peur, dit Coligny ; je doute que cela arrange les affaires du pauvre conseiller. Comment demander sa grâce, à présent ? Le roi aura toujours à répondre : « Non ; car, si le conseiller ne mourait pas, on croirait que j'ai peur. »

— Eh bien, dit Condé, réfléchissez à cette grave question, mon cher amiral, et je ne doute pas que, grâce à votre sagesse, vous ne trouviez quelque moyen d'arranger cette affaire.

Et, comme on était arrivé à l'église Saint-Germain-l'Auxerrois, et que, pour regagner son hôtel, le prince était obligé de traverser la Seine par le pont aux Meuniers, qu'une heure du matin était criée à dix pas de lui par les veilleurs de nuit, tout lui fut un prétexte, localité, distance à parcourir, heure avancée de la nuit, pour quitter l'amiral et regagner son hôtel.

De son côté, l'amiral était trop préoccupé pour le retenir.

Il en résulta que rien ne s'opposa au départ de M. de Condé, qui, une fois hors de vue du seigneur de Châtillon, prit ses jambes à son cou, serrant toujours, de peur qu'il ne se perdît de nouveau, le précieux billet, dans la poche de son pourpoint. Mais, cette fois, il n'y avait pas de danger !

Rentrer chez lui, monter les quinze ou dix-huit marches qui conduisaient à son appartement, faire allumer des cires par son valet de chambre, le renvoyer en lui disant qu'il n'avait plus besoin de ses services, fermer la porte, se rapprocher des bougies et tirer le papier de sa poche, tout cela fut l'affaire de dix minutes à peine.

Seulement, au moment de dérouler et de lire ce charmant message d'amour — un billet si parfumé ne pouvait être autre chose — un nuage lui passa sur les yeux et le cœur lui battit tellement, qu'il fut obligé de s'appuyer à la cheminée.

Enfin, le prince se calma. Ses yeux s'éclaircirent et purent s'arrêter sur le billet et lire les lignes suivantes auxquelles, dans la douce illusion qu'il s'était faite, il était bien loin de s'attendre.

Et vous, chers lecteurs, vous attendez-vous au contenu de cette lettre enveloppée par mégarde dans le mouchoir que mademoiselle de Saint-André a jeté à son adorateur désespéré?

Vous qui connaissez le cœur humain, avez-vous bonne opinion de cette jeune fille qui n'a d'amour ni pour ce joli page, ni pour ce beau prince, et qui donne des rendez-vous à l'un pour lui demander une ligne à pêcher, et qui jette son mouchoir à l'autre pour lui aider à essuyer les larmes qu'elle fait couler, tout cela au moment où elle va épouser un troisième ?

La nature produit-elle réellement de ces cœurs de pierre que la lame la mieux trempée ne saurait entamer? Vous doutez ?

Voyez le contenu de la lettre, et vous ne douterez plus :

« Ne manquez pas, mon cher amour, de vous rendre demain, à une heure après minuit, dans la chambre des Métamorphoses : la chambre qui nous a réunis la nuit d'hier est trop près de l'appartement des deux reines ; notre confidente aura soin de tenir la porte ouverte ! »

Pas de signature ; écriture inconnue.

— Oh ! la perverse créature ! s'écria le prince

en frappant la table du poing et en laissant tomber la lettre à terre.

Et, après cette première explosion, sortie du plus profond de son cœur, le prince resta un instant atterré.

Mais bientôt la parole et le mouvement lui revinrent, et, se promenant à grands pas dans sa chambre, il s'écria en se promenant :

— Ainsi, l'amiral avait raison !

Il aperçut alors la lettre qu'il avait laissée tomber sur un fauteuil.

— Ainsi, continua-t-il en s'exaltant de plus en plus, ainsi j'ai été le jouet d'une coquette insigne, et celle qui m'a joué est une enfant de quinze ans ! Moi, le prince de Condé, c'est-à-dire l'homme qui passe à la cour pour connaître le mieux le cœur des femmes, moi, j'ai été la dupe des fourberies d'une petite fille ! Sang du Christ ! j'ai honte de moi-même ! J'ai été bafoué comme un écolier, et j'ai passé trois mois de ma vie, trois mois de la vie d'un homme intelligent, sacrifices perdus, jetés au vent sans but, sans raison, sans utilité, sans gloire, j'ai passé trois mois à aimer fiévreusement une drôlesse ! Moi ! moi !

Il se leva furieux.

— Ah ! oui ; mais, maintenant que je la connais, continua-t-il, à nous deux! nous allons jouer au plus fin. Vous savez mon jeu, belle demoiselle; maintenant, à mon tour, je connais le vôtre. Ah! je saurai le nom, je vous en réponds, moi, de cet homme qui n'a pu goûter un plaisir tranquille.

Le prince froissa la lettre, la fourra dans l'intervalle existant entre le creux de sa main et son gant, reprit son épée, remit son chapeau et s'apprêtait à sortir, quand une pensée l'arrêta tout à coup.

Il s'accouda le long de la muraille, plongea son front dans sa main et réfléchit profondément; puis, après un moment de réflexion, il reprit son chapeau sur sa tête, le jeta à la volée par la chambre, revint s'asseoir à la table, et, pour la seconde fois, relut cette lettre qui venait d'opérer dans son esprit un si effroyable changement.

— Engeance endiablée! dit-il quand la lecture fut finie; femelle hypocrite et menteuse! tu me repoussais d'une main et tu m'attirais de l'autre; tu employais contre moi, honnête homme jusqu'à la niaiserie, toutes les ressources de ton infernale duplicité, et je ne voyais rien, je ne comprenais rien; j'avais la sottise de croire à la loyauté, moi loyal, et de m'incliner, moi vertueux, devant la fausse vertu! Ah! oui, je pleurais ; oui, je pleurais de dépit ; oui, je pleurais de bonheur ! Coulez, coulez maintenant, mes larmes ! larmes de honte et de rage ! Coulez et effacez les taches dont cet amour immonde m'a couvert ! Coulez et entraînez, comme fait un torrent des feuilles mortes, les dernières illusions de ma jeunesse, les dernières croyances de mon âme ! ! !

Et, en effet, cet esprit vigoureux, ce cœur de lion éclata en sanglots comme un enfant.

Puis, ses sanglots épuisés, une troisième fois il relut la lettre, mais sans amertume cette fois.

Les larmes n'avaient point entraîné les illusions de jeunesse, les croyances de l'âme qui perdent seulement ceux qui ne les ont jamais eues, mais tout au contraire la colère et le fiel.

Il est vrai qu'elles y laissent le dédain et le mépris.

— Toutefois, dit-il après un instant, je me suis juré à moi-même que je saurais le nom de cet homme : je le saurai ; il ne sera pas dit qu'un homme avec lequel elle aura ri de ma ridicule passion m'aura raillé et vivra !... Mais cet homme, reprit le prince, qui peut-il être ?

Et il relut la lettre.

— Je connais l'écriture de presque tous les gentilshommes de la cour, depuis celle du roi jusqu'à celle de **M.** de Mouchy, et je ne connais pas cette écriture ; en l'étudiant, on croirait reconnaître une écriture de femme : écriture contrefaite. « A une heure après minuit, demain, salle des Métamorphoses. » Attendons à demain ; c'est Dandelot qui est de semaine au Louvre : Dandelot me prêtera la main, et au besoin **M.** l'amiral.

Et, cette résolution prise, le prince fit encore trois ou quatre fois le tour de la chambre et finit par venir se jeter tout habillé sur son lit.

Mais les émotions de toute nature qu'il venait d'éprouver lui avaient donné une fièvre qui ne lui permit pas de fermer l'œil un instant.

Jamais il n'avait passé pareille nuit la veille d'une bataille, si meurtrière qu'elle dût être.

Heureusement qu'elle était déjà fort avancée; les veilleurs de nuit criaient trois heures lorsque le prince se jeta sur son lit.

Au point du jour, le prince se leva et sortit : il allait chez l'amiral.

M. de Coligny était matinal, et le prince le trouva déjà debout.

En apercevant **M.** de Condé, l'amiral fut effrayé de sa pâleur et de son agitation.

— Oh ! mon Dieu ! s'écria-t-il, qu'avez-vous, mon cher prince ? et que vous est-il arrivé ?

— Il y a, lui dit le prince, que vous m'avez

trouvé hier cherchant une lettre, n'est-ce pas, parmi les pierres du Louvre?

— Oui, et même vous avez eu le bonheur de la trouver.

— Le bonheur! je crois, en effet, que c'est le mot que j'ai dit.

— Cette lettre n'était-elle pas d'une femme ?

— Oui.

— Et cette femme ?

— Comme vous l'avez dit, mon cousin, c'est un monstre d'hypocrisie.

— Ah! ah! mademoiselle de Saint-André ; il paraît que c'est d'elle qu'il est question.

— Tenez, lisez ; voici la lettre que j'avais perdue, et que le vent venait de prendre à un mouchoir qu'elle m'avait donné.

L'amiral lut.

Au moment où il achevait la lettre, Dandelot entra, venant du Louvre, où il avait passé la nuit. Dandelot était de l'âge du prince et fort lié avec lui.

— Ah ! mon bon Dandelot, s'écria Condé, je venais chez M. l'amiral, surtout dans l'espérance de vous y rencontrer.

— Eh bien, me voici, mon prince.

— J'ai un service à vous demander.

— A vos ordres.

— Voici de quoi il s'agit : pour une raison qu'il ne m'est pas permis de vous révéler, j'ai besoin d'entrer ce soir, vers minuit, dans la chambre des Métamorphoses ; avez-vous un motif quelconque de m'en fermer le passage ?

— Oui, monseigneur, et à mon grand regret.

— Et pourquoi cela ?

— Parce que Sa Majesté a reçu cette nuit une lettre de menaces par laquelle un homme déclare avoir des moyens de pénétrer jusqu'au roi, et le roi a donné les ordres les plus sévères pour interdire, à partir de dix heures du soir, l'entrée du Louvre à tous les gentilshommes qui ne sont pas de service.

— Mais, mon cher Dandelot, dit le prince, cette mesure ne peut me concerner ; j'ai eu, jusqu'à présent, mes entrées au Louvre à toute heure, et, à moins que ce ne soit personnellement contre moi que la mesure ait été prise...

— Il va sans dire, monseigneur, que cette mesure ne saurait être prise contre vous personnellement ; mais, comme elle est prise contre tout le monde, vous vous trouvez compris dans la généralité.

— Eh bien, Dandelot, il faut faire une exception en ma faveur, pour des motifs que connaît M. l'amiral, motifs entièrement étrangers à ce qui se passe : pour une raison toute personnelle, j'ai besoin d'entrer ce soir à minuit dans la salle des Métamorphoses, et il est urgent, en outre, que ma visite soit secrète pour tout le monde, même pour Sa Majesté.

Dandelot hésitait, plein de honte de refuser quelque chose au prince.

Il se retourna vers l'amiral pour l'interroger des yeux sur ce qu'il devait faire.

L'amiral fit un signe de tête équivalent à ces quatre mots : « Je réponds de lui. »

Dandelot en prit son parti assez galamment.

— Alors, monseigneur, dit-il, avouez-moi que l'amour entre pour quelque chose dans votre expédition, afin que, si je suis réprimandé, je le sois du moins pour une cause que puisse avouer un gentilhomme.

— Oh ! sous ce rapport, je ne veux rien vous cacher, Dandelot : sur l'honneur, l'amour est l'unique raison qui me fait vous demander ce service.

— Eh bien, monseigneur, dit Dandelot, c'est chose convenue, et, à minuit, je vous introduirai dans la salle des Métamorphoses.

— Merci, Dandelot ! dit le prince en lui tendant la main ; et, si jamais vous avez besoin, pour une affaire de cette sorte ou pour toute autre, ne cherchez pas, je vous prie, d'autre second que moi.

Et, ayant l'une après l'autre pressé les mains des deux frères, Henri de Condé descendit rapidement l'escalier de l'hôtel de Coligny.

III

Rappelez-vous, chers lecteurs, les heures fiévreuses que vous avez lentement comptées, les unes après les autres, en attendant le moment de votre premier rendez-vous, ou, mieux encore, remettez-vous en mémoire les poignantes angoisses qui vous ont serré le cœur en attendant cette minute fatale qui devait vous apporter la preuve de l'infidélité de la femme que vous adoriez, et vous aurez une idée de la façon lente et douloureuse dont se traîna cette journée, qui parut éternelle au pauvre prince de Condé.

Il essaya alors de mettre en pratique cette re-
cette des médecins et des philosophes de tous les
temps : combattre les préoccupations de l'esprit
par les fatigues du corps. Il se fit amener son
cheval le plus vite, monta dessus, lui lâcha la
bride, ou crut la lui lâcher, et, au bout d'un
quart d'heure, cheval et cavalier se trouvèrent
à Saint-Cloud, où M. de Condé cependant
n'avait nul dessein d'aller en sortant de son
hôtel.

Il lança son cheval dans une direction oppo-
sée. Au bout d'une heure, il se retrouvait à la
même place : le château de Saint-Cloud était
pour lui la montagne d'aimant des navigateurs
des *Mille et une Nuits,* où reviennent incessam-
ment des bâtiments qui font d'inutiles efforts
pour s'en éloigner.

Le moyen des philosophes et des médecins,
infaillible pour les autres, n'avait point prise, à
ce qu'il paraît, sur le prince de Condé. Il se
trouva, le soir, brisé de corps, c'est vrai, mais
tout aussi préoccupé d'esprit qu'il l'était le
matin.

Au moment où le jour tombait, il rentrait
chez lui, épuisé, abattu, mourant.

Son valet de chambre lui remit trois lettres,
qu'il reconnut pour des lettres des premières

dames de la cour : il ne les ouvrit même pas.
Ce même valet lui annonça qu'un jeune homme
s'était présenté six fois à l'hôtel dans la même
journée, disant qu'il avait les communications
les plus importantes à faire au prince, refusant,
malgré toutes les instances, de dire son nom, et
le prince ne fit pas plus attention à cette nouvelle que si on lui eût dit : « Monseigneur, il
fait beau, » ou : « Monseigneur, il pleut. »

Il monta dans sa chambre à coucher et ouvrit
machinalement un livre. Mais quel livre pouvait
engourdir les morsures de cette vipère qui lui
rongeait le cœur ?

Il se jeta sur son lit. Mais, si mal qu'il eût
dormi la nuit précédente, si écrasé de fatigue
qu'il fût par les courses de la journée, il appela
vainement cet ami qu'on nomme le sommeil et
qui, pareil aux autres amis, présent à vos côtés
aux jours de bonheur, s'en éloigne quand on aurait le plus grand besoin de lui, c'est-à-dire aux
moments de l'infortune.

Enfin, l'heure tant attendue arriva : le timbre
d'une horloge résonna douze fois ; le veilleur
passa, criant :

— Il est minuit !

Le prince prit son manteau, ceignit son épée,
accrocha son poignard et sortit.

Inutile de demander de quel côté il se dirigea.

A minuit dix minutes, il était à la porte du
Louvre.

La sentinelle avait le mot d'ordre, le prince
n'eut qu'à se nommer : il entra.

Un homme se promenait dans le corridor sur
lequel s'ouvrait la porte de la chambre des Métamorphoses

Condé hésita un instant. Cet homme avait le
dos tourné ; mais, au bruit que fit le prince, il
fit volte-face, et notre amoureux reconnut Dandelot, qui l'attendait.

— Me voilà, dit celui-ci, prêt, selon ma promesse, à vous aider contre tout amant ou mari
qui vous barrera le passage.

Condé serra d'une main fiévreuse la main de
son ami.

— Merci ! dit-il, mais je n'ai rien à redouter,
que je sache : ce n'est pas moi qui suis l'homme
aimé.

— Mais alors, lui dit Dandelot, pourquoi,
diable, venez-vous ici ?

— Pour voir qui on aime... Mais, chut !
voici quelqu'un.

— Où ? Je ne vois personne.

— Mais, moi, j'entends des pas.

— Morbleu ! dit Dandelot, quelle fine oreille ont les jaloux !

Condé tira son ami dans un enfoncement, et, de là, ils virent venir comme une ombre qui, arrivée devant la porte de la salle des Métamorphoses, s'arrêta un instant, écouta, regarda, et, n'entendant rien, ne voyant rien, poussa la porte et entra.

— Ce n'est point mademoiselle de Saint-André ! murmura le prince : celle-ci a la tête de plus qu'elle.

— C'est donc mademoiselle de Saint-André que vous attendez ? demanda Dandelot.

— Que j'attends, non ; que je guette, oui.

— Mais comment mademoiselle de Saint-André...?

— Chut !

— Cependant...

— Tenez, mon cher Dandelot, pour mettre votre conscience à l'aise, prenez ce billet ; gardez-le comme la prunelle de vos yeux ; lisez-le à loisir, et si, par hasard, je ne découvrais ce soir rien de ce que je cherche, tâchez, dans toutes les écritures que vous connaissez, de trouver un maître à cette écriture.

— Puis-je communiquer ce billet à mon frère ?

— Il l'a déjà lu : est-ce que j'ai des secrets pour lui...? Ah! je donnerais gros pour savoir qui a écrit ce billet?

— Demain, je vous le renverrai.

— Non, j'irai le chercher chez vous. Laissez-le à votre frère; peut-être aurai-je moi-même quelque chose à vous raconter... Et, tenez, voici la même personne qui sort.

L'ombre qui était entrée dans la chambre en sortait en effet, et, cette fois, se dirigeait du côté des deux amis; par bonheur, ce corridor, à dessein probablement, était mal éclairé, et l'enfoncement dans lequel ils étaient les mettait hors du chemin et dans l'obscurité.

Mais, au pas rapide et assuré dont cette ombre marchait malgré les ténèbres, il était facile de voir que le chemin qu'elle suivait lui était familier.

En effet, au moment où elle passa devant les deux amis, M. de Condé serra la main de Dandelot.

— La Lanoue! murmura-t-il.

La Lanoue était une des femmes de Catherine de Médicis; de toutes ses femmes, celle que, disait-on, la reine mère aimait le mieux, et dans laquelle elle avait le plus de confiance.

Que venait-elle faire là, sinon appelée par le rendez-vous indiqué dans le billet?

Au reste, elle n'avait pas fermé la porte, mais l'avait laissée entre-bâillée : donc, elle allait revenir.

Il n'y avait pas un instant à perdre ; car, derrière elle, cette fois, la porte se refermerait probablement.

Toutes ces réflexions passèrent dans la tête du prince, rapides comme l'éclair ; il serra encore une fois la main de Dandelot et s'élança vers la salle des Métamorphoses.

Dandelot fit un mouvement pour le retenir : Condé était déjà loin.

Comme il l'avait pensé, la porte céda sous une simple pression, et il se trouva dans la chambre.

Cette chambre, une des plus belles du Louvre avant que la petite galerie fût commencée par Charles IX, empruntait son nom mythologique aux tapisseries qui la couvraient.

C'étaient, en effet, les fables de Persée et d'Andromède, de Méduse, du dieu Pan, d'Apollon, de Daphné, qui formaient les principaux sujets de ces tableaux, où l'aiguille avait plus d'une fois victorieusement lutté contre le pinceau.

Mais celle qui attirait le plus particulièrement l'attention, dit un historien, c'était la fable de Jupiter et de Danaé.

La Danaé était faite par une main si délicate et d'une façon si savante, que l'on voyait sur son visage le ravissement où elle était en sentant, en voyant, en écoutant tomber la pluie d'or.

Elle était, comme reine des autres tapisseries, éclairée par une lampe d'argent, sculptée, et non pas fondue, à ce que l'on assurait, par Benvenuto Cellini lui-même. Et, en effet, quel autre que le ciseleur florentin eût pu se flatter de faire d'un bloc d'argent un vase de fleurs d'où s'échappait, fleur lumineuse elle-même, la flamme?

Cette tapisserie de Danaé formait les parois d'une alcôve, et la lampe, en même temps qu'elle éclairait la Danaé immortelle et peinte, était destinée à éclairer toutes les Danaés vivantes et mortelles qui viendraient attendre dans ce lit, au-dessus duquel elle était suspendue, la pluie d'or des Jupiters de cet Olympe terrestre qu'on appelait le Louvre.

Le prince regarda tout autour de lui, souleva les rideaux et les portières pour bien s'assurer qu'il était seul, et, après cette minutieuse perquisition, il enjamba le balustre, et, se couchant sur le tapis, se glissa sous le lit.

Pour ceux de nos lecteurs qui ne sont point familiarisés avec les ameublements du xvi° siècle, disons ce que c'était que le balustre

On appelait balustre la clôture faite de petits piliers formant galerie, et qui se mettait autour des lits pour fermer les alcôves, comme on en voit encore aujourd'hui dans le chœur des églises ou des chapelles, et dans la chambre à coucher de Louis XIV, à Versailles.

Nous avons cru qu'en passant de M. de Condé au balustre, et cela aussi rapidement que nous venons de le faire, le lecteur nous tiendrait quitte de ses observations; mais, en y réfléchissant, nous préférons, au lieu d'esquiver l'explication, aller bravement au-devant.

Et, se couchant sur le tapis, avons-nous dit, le prince se glissa sous le lit.

Eh! oui, sans doute, c'était là une position ridicule, une position indigne d'un prince, surtout quand ce prince s'appelle le prince de Condé. Mais que voulez-vous! ce n'est point ma faute si le prince de Condé, jeune, beau, amoureux, était si jaloux, qu'il en était ridicule, et, comme je trouve le fait consigné dans l'histoire du prince, on me permettra de n'être point plus scrupuleux que l'historien.

Et votre observation, cher lecteur, est si vraie et si sensée, qu'à peine sous le lit, le prince se fit les mêmes réflexions que vous venez de faire, et que, s'admonestant de la façon la plus sévère, il se demanda quelle figure malséante il ferait sous ce lit, s'il y était découvert, ne fût-ce que par un valet ; quelle série de brocards et de pasquinades il allait fournir à ses ennemis! de quelle déconsidération il risquait de se couvrir aux yeux de ses amis ! Il alla enfin jusqu'à croire qu'il voyait se détacher du fond de la tapisserie le visage courroucé de l'amiral ; car, lorsque, enfant ou homme, nous nous trouvons dans une situation équivoque, la personne à laquelle nous pensons et que nous craignons le plus de voir apparaître pour nous reprocher notre folie est toujours celle que nous aimons et respectons le plus, parce que c'est alors et en même temps celle que nous craignons le plus.

Le prince se fit donc — nous prions le scrupuleux lecteur d'en être persuadé — toutes les réprimandes qu'un homme de son caractère et de sa condition devait se faire en pareille occurrence ; mais le résultat de tous ses raisonnements fut qu'il s'avança sous le lit d'une vingtaine de centimètres de plus, comme on dirait aujourd'hui, et qu'il s'y établit le plus commodément qu'il put.

D'ailleurs, il avait bien autre chose à quoi penser !

Il avait à arrêter la conduite qu'il aurait à tenir, une fois les deux amants en présence.

Ce qui lui semblait le plus simple, c'était de sortir brusquement, et, sans explication préalable, de croiser l'épée avec son rival.

Mais cette conduite, toute simple en apparence, lui parut, en y réfléchissant, n'être pas sans danger, non pas pour sa personne, mais pour son honneur. Ce compagnon, quel qu'il fût, était, il est vrai, complice de la coquetterie de mademoiselle de Saint-André, mais complice bien innocent.

Il revint donc sur sa première détermination et résolut de voir et d'écouter froidement ce qui allait se passer sous les yeux et pour les oreilles d'un rival.

Il venait d'accomplir ce grand acte de résignation, quand le timbre de sa montre, qui était fort sonore, vint lui révéler tout à coup un péril auquel il n'avait pas songé. Dès cette époque — l'occupation de Charles-Quint à Saint-Juste le prouve du reste — dès cette époque, les montres et les pendules étaient non-seulement des objets de luxe, mais encore de fantaisie, qui allaient beaucoup moins selon l'espérance du mécanicien que selon leur caprice. Il en résulta que la montre de M. de Condé, qui retardait d'une demi-heure sur le Louvre, se mit à sonner minuit.

M. de Condé, comme on l'a déjà vu, était en

proie à une impatience peu commune ; de peur qu'ayant fini, il ne prît à sa montre la fantaisie de recommencer, et que le timbre accusateur ne le dénonçât, il mit l'indiscret bijou dans le creux de sa main gauche, appuya dessus le pommeau de son poignard, pressa vigoureusement le pommeau contre le cadran, et sous cette pression, qui brisa sa double boîte, l'innocente montre rendit le dernier soupir.

L'injustice des hommes était satisfaite.

Cette exécution était à peine achevée, que la porte de la chambre s'ouvrit de nouveau ; par le bruit qu'elle fit, elle attira les yeux du prince de son côté, et M. de Condé vit entrer mademoiselle de Saint-André, l'œil au guet, l'oreille au vent, et suivant sur la pointe du pied cette odieuse créature qui avait nom Lanouc.

IV

Quand nous disons : suivant sur la pointe du pied cette odieuse créature qui avait nom Lanoue, nous nous trompons, non pas à l'endroit de Lanoue, mais à celui de mademoiselle de Saint-André.

Une fois dans la salle des Métamorphoses, mademoiselle de Saint-André ne suivit plus la Lanoue, elle la précéda.

La Lanoue resta derrière pour fermer la porte.

La jeune fille s'arrêta devant une toilette sur

laquelle reposaient deux candélabres, qui n'attendaient pour briller de tout leur éclat que la flamme communicative qui devait leur donner la vie.

— Vous êtes sûre que nous n'avons pas été vues, ma chère Lanoue? dit-elle avec cette douce voix qui, après avoir fait vibrer l'amour, faisait vibrer la colère dans le cœur du prince.

— Oh! ne craignez rien, mademoiselle, répondit l'entremetteuse; en raison de la lettre de menace adressée hier au roi, les ordres les plus sévères ont été donnés, et, à partir de dix heures du soir, les portes du Louvre ont été fermées.

— A tout le monde? demanda la jeune fille.

— A tout le monde.

— Sans exception?

— Sans exception.

— Même au prince de Condé?

La Lanoue sourit.

—Au prince de Condé surtout, mademoiselle.

— Vous en êtes bien sûre, Lanoue?

— Certaine, mademoiselle.

— Ah! c'est que...

La jeune fille s'arrêta.

— Qu'avez-vous donc à craindre de monseigneur?

— Bien des choses, Lanoue.

— Comment cela, bien des choses ?

— Oui, et une entre autres.

— Laquelle ?

— C'est qu'il ne me poursuive jusqu'ici.

— Jusqu'ici ?

— Oui.

— Jusque dans la salle des Métamorphoses ?

— Oui.

— Mais comment saurait-il que mademoiselle y est ?

— Il le sait, Lanoue.

Le prince, comme on le comprend bien, écoutait de toutes ses oreilles.

— Qui a pu le lui apprendre ?

— Moi-même.

— Vous ?

— Moi, sotte que je suis !

— Oh ! mon Dieu.

— Imagine-toi qu'hier, au moment où il allait me quitter, j'ai eu l'imprudence, à la suite d'une plaisanterie, de lui jeter mon mouchoir ; dans ce mouchoir était le petit billet que tu venais de me remettre.

— Mais le billet n'était pas signé ?

— Non, par bonheur.

— C'est bien heureux, en effet, Jésus ! Maria !

L'entremetteuse se signa dévotement.

— Et, continua-t-elle, vous ne lui avez pas redemandé votre mouchoir?

— Si fait. Mézières a passé six fois chez lui de ma part dans la journée; le prince était sorti depuis le matin, et, à neuf heures du soir, il n'était pas rentré.

— Ah! ah! murmura le prince, c'est le page à la ligne qui est venu pour me parler et qui a tant insisté pour me voir.

— Vous vous fiez à ce jeune homme, mademoiselle?

— Il est fou de moi.

— Les pages sont bien indiscrets; il y a un proverbe sur eux à cet endroit-là.

— Mézières n'est pas mon page; c'est mon esclave, dit la jeune fille avec un ton de reine. Ah! Lanoue, maudit M. de Condé! il ne lui arrivera jamais pire mal que celui que je lui souhaite.

—Merci! belle des belles, murmura le prince. Je me rappellerai vos excellents sentiments à mon égard.

— Eh bien, mademoiselle, dit Lanoue, quant à cette nuit, vous pouvez être tranquille. Je connais le capitaine de la garde écossaise et je vais lui recommander Monseigneur.

— De quelle part?

— De la mienne! soyez tranquille, cela suffira.

— Ah! Lanoue !

— Que voulez-vous, mademoiselle! tout en faisant les affaires des autres, il n'y a pas de mal à faire un peu les siennes.

— Merci, Lanoue; car cette idée seule troublait le plaisir que je me promettais de goûter cette nuit.

Lanoue s'apprêta à sortir.

— Eh ! Lanoue! fit mademoiselle de Saint-André, avant de sortir, allume donc, je te prie, ces candélabres; je ne veux pas rester dans cette obscurité; toutes ces grandes figures à moitié nues me font peur; il me semble qu'elles vont se détacher de la tapisserie et venir à moi.

— Ah ! si elles y viennent, dit Lanoue en allant allumer un papier au feu qui brûlait dans la cheminée, soyez tranquille, ce sera pour vous adorer comme la déesse Vénus.

Et elle alluma les cinq branches des candélabres, laissant la belle jeune fille se détacher aux regards du prince, dans une auréole de flammes.

Elle était ravissante, ainsi réfléchie par la glace de la toilette, vêtue d'une gaze transparente à travers laquelle perçait l'incarnat des chairs.

Elle tenait à la main une branche de myrte

en fleur; elle la passa dans ses cheveux comme une couronne.

Prêtresse de Vénus, elle venait de se parer de la fleur sacrée.

Alors, seule, ou du moins se croyant seule dans la chambre, la jeune fille se regarda coquettement et amoureusement dans la glace, arquant du bout de ses doigts roses ses sourcils noirs, doux comme du velours, et pressant avec la paume de la main la gerbe d'or de ses cheveux.

Parée ainsi, et dans une posture qui faisait valoir sa taille fine et souple, la jeune fille, cambrée devant cette glace, fraîche comme l'eau de la source, vermeille comme un nuage du matin, sereine comme la virginité, vivace et jeune comme ces premières plantes du printemps, qui, dans leur hâte de vivre, percent les dernières neiges, ressemblait, comme l'avait dit Lanouc, à Vénus Cythérée, mais à Vénus dans sa quatorzième année, le matin où, debout sur le rivage, près de faire son entrée dans la cour céleste, elle se regarda une dernière fois dans le miroir de la mer, encore attiédie de son dernier contact.

Après avoir arqué ses sourcils, lissé ses cheveux, fait reprendre, par un moment de repos, aux chairs de son visage les tons rosés qu'une marche inquiète et précipitée avail empourprés trop chaudement, le regard de la jeune fille abandonna pour elle-même cette reproduction de son visage que lui offrait la glace ; ses yeux s'abaissèrent de son cou à ses épaules, et semblèrent chercher sa poitrine, perdue dans des flots de dentelles vaporeux, comme ces nuages que le premier souffle de la bise chasse du ciel.

Elle était si belle ainsi, le regard humide, les joues rougissantes, la bouche entr'ouverte, les dents étincelantes, comme un double fil de perles dans un écrin de corail ; elle était si véritablement l'image de la volupté, qu'à ce moment le prince, oubliant sa coquetterie, sa haine, ses menaces, fut sur le point de sortir de l'endroit où il était caché et de venir se jeter à ses pieds en s'écriant :

— Pour l'amour du ciel ! jeune fille, aime-moi une heure, et prends ma vie en échange de cette heure d'amour !...

Heureusement ou malheureusement pour lui, car nous n'avons pas pesé les avantages ou les inconvénients qu'il aurait eus à suivre cette pensée soudaine, la jeune fille se retourna du côté de la porte en disant ou plutôt en bégayant :

— Oh ! cher bien-aimé de mon cœur, est-ce que tu ne vas pas venir ?

Cette exclamation et cette vue rendirent au prince toute sa colère, et mademoiselle de Saint-André lui parut de nouveau la créature la plus haïssable de la terre.

Elle s'en alla vers la plus proche fenêtre, tira les épais rideaux, essaya d'ouvrir la lourde croisée, et, comme ses mains délicates et allongées manquaient de force pour une pareille besogne, elle se contenta d'appuyer sa tête sur la riche glace.

La sensation de fraîcheur communiquée à son front lui fit rouvrir ses yeux chargés de langueur ; ils demeurèrent un instant vagues et aveuglés ; puis, peu à peu, ils commencèrent à distinguer les objets, et finirent par s'arrêter sur un homme immobile, enveloppé d'un manteau et se tenant debout, à la distance d'un jet de pierre du Louvre.

La vue de cet homme fit sourire mademoiselle de Saint-André, et nul doute que, si le prince eût vu ce sourire, il eût deviné la méchante pensée qui l'avait fait naître.

D'ailleurs, s'il eût été assez près pour voir ce sourire, il eût été aussi assez près pour entendre ces mots, qui glissèrent, avec l'accent du triomphe, entre les lèvres de la jeune fille :

— C'est lui !

Puis, avec un indéfinissable accent d'ironie :

— Promenez-vous, cher monsieur de Condé, ajouta-t-elle, je vous souhaite bien du plaisir à votre promenade.

Il était évident que mademoiselle de Saint-André prenait l'homme au manteau pour le prince de Condé.

Et cette erreur était toute naturelle.

Mademoiselle de Saint-André savait parfaitement les visites que le prince faisait tous les soirs incognito sous ses fenêtres, depuis trois mois ; mais mademoiselle de Saint-André s'était bien gardée d'en parler au prince ; car, dire qu'on s'en était aperçu, c'était avouer que, depuis trois mois, on était occupée tout bas d'une pensée qu'au contraire on reniait hautement.

C'était donc le prince que mademoiselle de Saint-André croyait voir au bord de la rivière.

Or, la vue du prince se promenant au bord de la rivière, quand elle tremblait de le rencontrer dans le Louvre, était la vue la plus rassurante que la lune, cette pâle et mélancolique amie des amoureux, pût lui découvrir.

Maintenant, à nos lecteurs qui savent parfaitement que le prince, n'étant pas pourvu du don d'ubiquité, ne pouvait être à la fois dedans et dehors, sous le lit et au bord de la rivière, hâtons-nous de dire quel était cet homme enveloppé d'un manteau, que mademoiselle de Saint-André prenait pour le prince et qu'elle supposait grelottant sur la berge.

Cet homme, c'était notre huguenot de la veille, notre Écossais Robert Stuart, lequel, au lieu de la réponse qu'il attendait à sa lettre, avait appris que messieurs du parlement avaient, pendant la journée, mis tout en œuvre pour que le supplice d'Anne Dubourg eût lieu le lendemain ou le surlendemain ; c'était Robert Stuart, résolu à risquer une seconde tentative.

Ce fut en vertu de cette résolution qu'au moment même où ce méchant sourire s'épanouissait sur les lèvres de la jeune fille, elle vit l'homme de la berge tirer son bras de son manteau, faire un geste qu'elle prit pour un geste de menace, et s'éloigner à grands pas.

En même temps, elle entendit un bruit pareil à celui de la veille, c'est-à-dire celui d'une vitre volant en éclats.

— Ah ! s'écria-t-elle, ce n'était pas lui !

Et les roses de son sourire disparurent immédiatement sous les violettes de la peau.

Oh ! cette fois, elle frissonna bien réellement, non plus de plaisir, mais d'effroi ; et, laissant retomber le rideau de la fenêtre, elle revint, chancelante et pâle, s'appuyer au dossier du canapé, sur lequel, quelques minutes auparavant, elle gisait si languissamment étendue.

Comme la veille, on avait brisé la vitre d'une des fenêtres de l'appartement du maréchal de Saint-André.

Seulement, cette fois, c'était une des fenêtres en retour du côté de la Seine ; mais cette fenêtre appartenait toujours à l'appartement de son père.

Si, comme la veille, le maréchal encore debout, ou déjà couché, mais réveillé en sursaut, allait frapper à la porte de la chambre de sa fille et ne recevait pas de réponse, qu'allait-il arriver ?

Elle était là, craintive, tremblante, à moitié évanouie, au grand étonnement du prince, qui avait vu, sans pouvoir en deviner la cause, le changement subit qui s'était opéré sur le visage de la jeune fille, dans cet état de prostration où tout ce qui peut arriver est préférable à ce qui est, quand la porte s'ouvrit et que Lanoue entra précipitamment.

Elle avait le visage presque aussi décomposé que l'était celui de la jeune fille.

— Oh ! Lanoue, dit-elle, sais-tu ce qui vient d'arriver ?

— Non, mademoiselle, répondit l'entremetteuse; mais il faut que ce soit quelque chose de bien terrible, car vous êtes pâle comme une morte.

— Bien terrible, en effet, et il faut que tu me reconduises à l'instant même chez mon père.

— Et pourquoi cela, mademoiselle?

— Tu sais ce qui est arrivé hier, à minuit?

— Mademoiselle veut parler de la pierre à laquelle était attaché un papier qui menaçait le roi ?

— Oui. Eh bien, même chose vient d'arriver, Lanoüe; un homme, le même sans doute, que je prenais pour le prince de Condé, vient, comme hier, de jeter une pierre et de briser la vitre d'une des fenêtres du maréchal.

— Et vous avez peur ?

— J'ai peur, comprends-tu, Lanoue, j'ai peur que mon père ne vienne frapper à ma porte et que, soit défiance, soit inquiétude, ne m'entendant point répondre, il n'ouvre ma porte et ne trouve la chambre vide.

— Oh ! si c'est cela que vous craignez, mademoiselle, dit Lanoue, rassurez-vous.

— Pourquoi ?

— Votre père est chez la reine Catherine.

— Chez la reine, à une heure du matin?

— Ah ! mademoiselle, il est arrivé un grave accident.

— Lequel ?

— Leurs Majestés sont allées à la chasse aujourd'hui.

— Eh bien ?

— Eh bien, mademoiselle, le cheval de la petite reine (c'était ainsi que l'on appelait Marie Stuart), le cheval de la petite reine a butté, Sa Majesté est tombée, et, comme elle est enceinte de trois mois, on a peur qu'elle ne soit blessée.

— Ah ! bon Dieu !

— De sorte que toute la cour est sur pied.

— Je crois bien.

— Que toutes les filles d'honneur sont dans les antichambres ou chez la reine mère.

— Et tu ne venais pas m'avertir, Lanoue ?

— J'ai appris la nouvelle à l'instant même, mademoiselle, et je n'ai pris que le temps de courir m'assurer de la vérité.

— Alors, tu l'as vu ?

— Qui ?

— Lui.

— Sans doute.

— Eh bien ?

— Eh bien, mademoiselle, c'est partie remise ; vous comprenez bien qu'en un pareil moment il ne peut s'absenter.

— Et remise à quand ?

— A demain.

— Où ?

— Ici.

— A la même heure ?

— A la même heure.

— Alors, viens-t'en vite, Lanoue.

— Me voici, mademoiselle ; laissez-moi seulement éteindre les bougies.

— En vérité, s'écria la jeune fille, c'est à croire qu'il y a un mauvais génie déchaîné contre nous.

— Bon ! dit Lanoue en soufflant sa dernière bougie, au contraire.

— Comment, au contraire ? demanda du corridor mademoiselle de Saint-André.

— Certainement ; voilà un accident qui va vous donner de la liberté.

Et elle sortit sur les pas de mademoiselle de Saint-André, pas dont le bruit se perdit bientôt, ainsi que celui des pas de sa compagne, dans les profondeurs du corridor.

— A demain donc ! dit à son tour le prince sortant de sa retraite et franchissant le balustre, aussi ignorant du nom de son rival qu'il l'était la veille. A demain, à après-demain , à tous les jours, s'il le faut ; mais, par l'âme de mon père ! j'irai jusqu'au bout.

Et il sortit, lui aussi, de la chambre des Métamorphoses, suivit le côté du corridor opposé à celui qu'avaient suivi mademoiselle de Saint-André et Lanoue, traversa la cour et gagna la porte de la rue, sans que personne, au milieu de la confusion que les deux incidents mentionnés par nous ci-dessus venaient de jeter dans le Louvre, songeât à lui demander ni où il allait, ni d'où il venait.

V

Robert Stuart, que mademoiselle de Saint-André avait aperçu à travers les barreaux de la chambre des Métamorphoses, si rapidement et si étrangement rentrée dans l'obscurité ; Robert Stuart, que la jeune fille avait d'abord si méchamment pris pour le prince de Condé, après avoir jeté sa seconde pierre, et, par ce moyen, fait parvenir une seconde lettre au roi, avait, comme nous l'avons dit, pris la fuite et disparu.

Jusqu'au Châtelet, il avait hâté le pas ; mais, une fois arrivé là, il s'était senti hors de poursuite, et, à part la rencontre qu'il avait faite sur les ponts de deux ou trois tire-laine, que la vue de son épée battant ses talons et de son pistolet suspendu à sa ceinture avait tenus à distance, il était rentré assez tranquillement chez son ami et compatriote Patrick.

Une fois rentré, il s'était couché avec cette tranquillité apparente qu'il devait à sa puissance sur lui-même ; mais cette puissance, si grande qu'elle fût, n'allait point jusqu'à commander au sommeil ; de sorte que, pendant trois ou quatre heures, il se tourna et retourna dans son lit, ou plutôt dans le lit de son compatriote, sans y trouver le repos qui le fuyait depuis trois nuits.

Ce ne fut qu'au point du jour que l'esprit, vaincu par la fatigue, sembla abandonner le corps et permettre au sommeil de venir y prendre momentanément sa place. Mais alors ce corps appartint si complétement au sommeil, ce frère de la mort, qu'il eût, tant sa léthargie était profonde, semblé aux yeux de tous un cadavre complétement abandonné de la vie.

Jusqu'au soir, au reste, la veille, fidèle à sa parole, il avait attendu son ami Patrick ; mais l'archer, consigné au Louvre par son capitaine qui avait reçu l'ordre de ne pas laisser sortir un seul homme du palais, — on sait la cause de cette consignation, — l'archer, disons-nous, n'avait pas pu profiter des habits de Robert Stuart.

A sept heures du soir, n'ayant aucune nouvelle de son ami, Robert Stuart s'était dirigé vers le Louvre, et, là, il avait appris les ordres sévères qui avaient été donnés et la cause qui les motivait.

Ensuite, il avait erré dans les rues de Paris, où il avait entendu raconter de cent façons différentes, excepté de la véritable, l'assassinat du président Minard, que cette mort illustrait comme nul acte de sa vie n'avait pu le faire.

Robert Stuart, ayant pitié de l'ignorance des uns et de la curiosité des autres, avait à son tour et sur des *on dit*, recueillis en bon lieu, assurait-il, raconté cette mort dans tous ses détails véridiques et avec les circonstances réelles qui l'avaient accompagnée ; mais il va sans dire que ses auditeurs n'avaient pas voulu croire un seul mot de sa narration.

Nous n'avons pas d'autre raison à donner de cette incrédulité, sinon que cette narration était la seule véritable.

Il avait, en outre, appris la promptitude et la sévérité dont le parlement se promettait d'user à propos du jugement rendu contre le conseiller

Dubourg, dont, assurait-on, le supplice devait avoir lieu en Grève dans quarante-huit heures.

Alors, Robert Stuart n'avait vu d'autre remède à cet entêtement des juges que de renouveler d'une manière plus précise son épître au roi.

Après sa garde, son ami Patrick, mis enfin hors du Louvre, était venu de toute la vitesse de ses jambes, avait monté son échelle, comme il disait, et avait fait invasion dans sa chambre en criant :

— Au feu !

Il avait cru que c'était le seul moyen de réveiller Robert Stuart, voyant que le bruit de la porte qu'il avait refermée, que celui des chaises qu'il avait remuées et celui de la table qu'il avait changée de place, étaient insuffisants à le tirer de son sommeil.

Le cri poussé par Patrick, bien plus que le sens de ce cri, réveilla enfin Robert ; le bruit arrivait jusqu'à lui, mais pas les idées.

Sa première idée fut qu'on venait l'arrêter, et il allongea le bras vers son épée, placée dans la ruelle du lit, et qu'il tira à moitié du fourreau.

— Eh ! la la ! s'écria Patrick en riant, il parait que tu as le réveil batailleur, mon cher Stuart ; calmons-nous, voyons ! et surtout réveillons nous, il est temps.

— Ah ! c'est toi, dit Stuart.

— Sans doute, c'est moi. Je te prêterai ma chambre, une autre fois, compte là-dessus, pour que tu veuilles me tuer quand j'y rentre !

— Que veux-tu ! je dormais.

— C'est bien ce que je vois et ce qui m'étonne ; tu dormais.

Patrick alla à la fenêtre et tira les rideaux.

— Tiens, dit-il, regarde.

Le grand jour envahit la chambre.

— Quelle heure est-il donc ? demanda Stuart.

— Dix heures sonnées et bien sonnées à toutes les églises de Paris, dit l'archer.

— Je t'ai attendu hier toute la journée et je puis même dire toute la nuit.

L'archer fit un mouvement d'épaules.

— Que veux-tu ! dit-il, un soldat n'est qu'un soldat, fût-il arch er écossais ; nous avons été, toute la journée et toute la nuit, consignés au Louvre ; mais, aujourd'hui, comme tu vois, je suis libre.

— Ce qui veut dire que tu viens me redemander ta chambre.

— Non, mais te demander tes habits,

— Ah ! c'est vrai, j'avais oublié madame la conseillère.

— Heureusement qu'elle ne m'oublie pas, elle, comme peut te le prouver ce pâté de gibier déposé sur la table et qui attend le bon plaisir de notre appétit. Le tien est-il venu ? Quant au mien, il y a deux heures qu'il est au poste, présent.

— Et pour en revenir à mes habits...

— C'est juste : eh bien, tu comprends que ma conseillère ne va pas comme cela de but en blanc escalader mes quatre étages. Non, ce pâté n'est qu'un messager ; il était porteur d'une lettre, laquelle me dit qu'on m'attendra, de midi — heure à laquelle notre conseiller fait voile pour le parlement — jusqu'à quatre heures, moment auquel il rentre dans le port de la conjugalité : à midi cinq minutes, je serai donc chez elle et je récompenserai son dévouement en m'y présentant sous un costume qui ne peut la compromettre, si toutefois tu es encore dans les mêmes dispositions à l'égard de ton ami.

— Mes habits sont à ta disposition, mon cher Patrick, dit Robert, étendus sur cette chaise, comme tu vois, et n'attendant qu'un propriétaire. Donne-moi les tiens en échange et dispose à ta fantaisie de ceux-là.

— Tout à l'heure ; mais, préalablement, nous allons causer avec ce pâté ; tu n'as pas besoin de te lever pour te mêler à la conversation ; je vais apporter la table près de ton lit. Là ! Est-ce bien ainsi ?

— A merveille, mon cher Patrick.

— Maintenant, — Patrick tira son poignard et le présenta par le manche à son ami, — maintenant, pendant que je vais aller chercher de quoi l'arroser, éventre-moi ce gaillard-là, et tu me diras si ma conseillère est une femme de goût.

Robert obéit au commandement, avec la même ponctualité qu'eût pu faire un archer écossais lui-même aux ordres de son capitaine ; et, lorsque Patrick revint vers la table, caressant de ses deux mains le ventre rebondi d'une cruche pleine de vin, il trouva le dôme de l'édifice gastronomique entièrement enlevé.

— Ah ! par saint Dunstan ! dit-il, un lièvre au gîte au milieu de six perdreaux ! Quel joli pays que celui où le poil et la plume vivent en si douce intelligence ! Messire Rabelais ne l'appelle-t-il pas *pays de Cocagne ?* Robert, mon ami, suis mon exemple : fais-toi amoureux d'une femme de robe, mon cher, au lieu de te faire amoureux d'une femme d'épée, et je n'aurai pas besoin de voir, comme le pharaon, sept vaches grasses en songe pour te prédire la double abondance des biens du ciel et de la terre. Profitons-en, mon cher Stuart, ou nous ne serions pas dignes de les avoir obtenues.

Et, joignant l'exemple au précepte, l'archer se mit à table et transporta du pâté sur son assiette une première ration, qui faisait honneur à ce qu'il appelait l'avant-garde de son appétit.

Robert mangea aussi. A vingt-deux ans, quelles que soient les préoccupations de l'esprit, on mange toujours.

Il mangea donc plus silencieusement, plus soucieusement même que son ami, mais il mangea.

D'ailleurs, l'idée d'aller voir sa conseillère rendait Patrick bavard et gai pour deux.

Onze heures et demie sonnèrent.

Patrick se leva de table en toute hâte, broya sous ses dents, blanches comme celles du loup de ses montagnes, un dernier morceau de la croûte d'or du pâté, but un dernier verre de vin et commença à endosser les vêtements de son compatriote.

Ainsi habillé, il avait cet air roide et singulier qu'ont encore les militaires de nos jours lorsqu'ils quittent leurs uniformes pour des habits de ville.

Le visage et la tournure d'un soldat, en effet, empruntent toujours quelque chose à son uniforme et le dénoncent, quelque part qu'il aille, sous quelque costume qu'il se présente.

L'archer n'en faisait pas moins, ainsi habillé, un beau cavalier aux yeux bleus, aux cheveux roux, à la peau vivante et animée.

Quand il se regarda dans un fragment de miroir, il sembla se dire à lui-même : « Si ma conseillère n'est pas contente, elle sera, par ma foi, bien difficile. »

Cependant, soit défiance de lui-même, soit désir de voir entrer Robert dans son opinion, se retournant du côté de son camarade :

— Comment me trouves-tu, compagnon ? lui demanda-t-il.

— Mais parfait de visage et de tournure, et je ne doute pas que tu ne fasses une profonde impression sur ta conseillère.

C'était juste ce que voulait Patrick, et il était servi à souhait.

Il sourit, rajusta son col, et, tendant la main à Robert :

— Eh bien, dit-il, au revoir ! je cours la rassurer, car elle doit être à l'article de la mort ; pauvre femme, depuis deux jours qu'elle ne m'a point vu et n'a point eu de mes nouvelles !

Il fit un mouvement vers la porte ; mais, s'arrêtant :

— A propos, ajouta-t-il, je n'ai pas besoin de te dire que mon uniforme ne te condamne pas à rester ici. Tu n'es pas consigné à mon quatrième, comme je l'étais moi-même hier au Louvre : tu peux circuler librement dans la ville en plein soleil, s'il y en a, ou à l'ombre, s'il n'y a pas de soleil, et, pourvu que tu ne ramasses sous ma défroque aucune mauvaise querelle,— et je te fais cette recommandation pour deux raisons : la première, parce que tu serais arrêté, conduit au Châtelet et reconnu ; la seconde, parce que je serais puni, moi, ton innocent ami, pour avoir déserté mon uniforme ; — pourvu, je te le répète donc , que tu ne ramasses , sous ma défroque, aucune mauvaise querelle, tu es libre comme un moineau franc.

—Tu n'as rien à craindre de ce côté-là, Patrick, répondit l'Écossais ; je ne suis point par nature d'humeur fort querelleuse.

— Heu ! heu ! fit l'archer en secouant la tête. Je ne voudrais pas m'y fier, tu es Écossais ou à peu près, et tu dois avoir, comme tout homme élevé au delà de la Tweed, des heures où il ne fait pas bon te regarder de travers. Au reste, tu comprends, je te donne un conseil,

voilà tout. Je te dis : Ne cherche pas de querelle;
mais, si l'on t'en cherchait une, par mon saint
patron, ne l'évite pas. Peste ! il s'agit de soutenir l'honneur de l'uniforme, et, si tu ne les tuais
pas à temps, tu as, fais-y bien attention, au côté
une claymore et un dirk qui sortiraient d'eux-
mêmes du fourreau.

— Sois tranquille, Patrick, tu me trouveras
ici comme tu m'as quitté.

— Mais non, mais non. Je ne veux pas que
tu t'ennuies, insista l'entêté montagnard, et tu
mouras de consomption dans cette chambre, d'où
la vue n'est pas désagréable le soir, parce que
l'on n'y regarde pas, mais d'où, le jour, on ne
voit que toits et clochers, et encore quand la
fumée et le brouillard n'empêchent pas de les
voir.

— Cela vaudra toujours celle de notre bien-
aimée patrie, où il pleut toujours, fit Robert.

— Bah ! dit Patrick, et quand il neige donc ?

Et, satisfait d'avoir réhabilité l'Écosse sous le
rapport atmosphérique, Patrick se décida enfin
à sortir, mais sur le carré il s'arrêta, et, rou-
vrant la porte :

— Tout ceci, c'est par manière de plaisanter,
dit-il ; va, viens, cours, dispute-toi, querelle-
toi, bats-toi, pourvu que tu rentres sans trous à

la peau et, par conséquent, à mon pourpoint,
tout ira bien; mais, cher ami, j'ai une recommandation sérieuse à te faire, une seule, mais
médite-la profondément.

— Laquelle?

— Mon ami, vu la gravité des circonstances
dans lesquelles nous vivons et les menaces que
d'infâmes parpaillots se permettent de faire au
roi, je suis obligé d'être rentré au Louvre à
huit heures précises; on a avancé ce soir d'une
heure celle de l'appel.

— Tu me retrouveras ici à ton retour.

— Alors, que Dieu te garde!

— Et que le plaisir t'accompagne!

— Inutile, dit l'archer en faisant un geste
d'amoureux vainqueur, il m'attend.

Et, cette fois, il sortit, léger et conquérant,
comme le plus beau seigneur de la cour, fredon-
nant un air de son pays, qui devait remonter à
Robert Bruce.

Le pauvre soldat écossais était bien autrement
heureux à cette heure que le cousin du roi franc,
que le frère du roi de Navarre, que le jeune et
beau Louis de Condé.

Nous saurons, d'ailleurs, dans un instant, ce
que faisait et disait le prince juste dans ce mo-
ment-là; mais nous sommes forcé de rester

quelques instants encore en compagnie de maître Robert Stuart.

Celui-ci avait, comme il l'avait dit à son ami, deux graves sujets de réflexion pour ne pas s'ennuyer jusqu'à quatre heures de l'après-midi; il lui tint donc parole en l'attendant.

De quatre à cinq heures, il l'attendit encore, mais avec plus d'impatience.

C'était l'heure où il comptait attendre à la porte du parlement pour y avoir des nouvelles fraîches, non pas de la condamnation du conseiller Dubourg, mais de la décision prise à l'endroit de son supplice.

A cinq heures et demie, il n'y put tenir et sortit à son tour, en laissant toutefois à son compatriote un mot par lequel il lui disait d'être tranquille, et qu'à sept heures précises du soir, il lui rapporterait son uniforme.

La nuit commençait à tomber; Robert alla tout courant jusqu'à la porte du palais.

Il y avait un immense rassemblement sur la place; la séance parlementaire durait toujours.

Cela lui expliquait l'absence de son ami Patrick; mais cela ne lui disait aucunement ce qui se débattait dans l'intérieur.

A six heures seulement, les conseillers se séparèrent.

Ce qui arriva jusqu'à Robert du résultat de la séance était sinistre.

Le mode du supplice était arrêté : le conseiller devait périr par le feu.

Seulement, on ne savait pas si ce serait le lendemain, le surlendemain ou le jour suivant, c'est-à-dire le 22, le 23 ou le 24, qu'aurait lieu l'exécution.

Peut-être y surseoirait-on de quelques jours même, pour que la pauvre reine Marie Stuart, qui s'était blessée la veille, pût y assister.

Mais ce ne serait que dans le cas où la blessure serait assez légère pour ne pas retarder ce supplice de plus d'une semaine.

Robert Stuart quitta la place du Palais dans l'intention de revenir rue du Battoir-Saint-André.

Mais de loin il vit un archer écossais qui, devançant l'heure du rappel, se rendait au Louvre.

Alors, il lui vint une idée : c'était de pénétrer dans le Louvre sous le costume de son ami, et de prendre là, c'est-à-dire à une source positive, des nouvelles de la jeune reine, dont la santé devait avoir une si terrible influence sur la vie du condamné.

Il avait près de deux heures devant lui, il se dirigea vers le Louvre.

Aucune difficulté ne lui fut faite, ni à la première ni à la seconde porte. Il se trouva donc dans la cour.

Il y était à peine, qu'on annonça un envoyé du parlement.

Cet envoyé du parlement désirait parler au roi, au nom de l'illustre corps dont il était l'ambassadeur.

On fit venir Dandelot.

Dandelot alla prendre les ordres du roi.

Dix minutes après, il revenait, chargé d'introduire lui-même le conseiller.

Robert Stuart comprit qu'avec un peu de patience et d'adresse il saurait, le conseiller parti, ce qu'il désirait savoir. Il attendit donc.

Le conseiller resta près d'une heure avec le roi.

Robert avait tant attendu déjà, qu'il était résolu d'attendre jusqu'à la fin.

Enfin, le conseiller sortit.

Dandelot, qui l'accompagnait, avait l'air fort triste, plus que triste, sombre.

Il prononça tout bas quelques paroles à l'oreille du capitaine de la gendarmerie écossaise et se retira.

Ces paroles avaient évidemment rapport à l'ambassade du conseiller.

— Messieurs, dit le capitaine de la garde écossaise à ses hommes, vous êtes prévenus qu'il y a après-demain service extraordinaire pour l'exécution en Grève du conseiller Anne Dubourg.

Robert Stuart savait ce qu'il voulait savoir ; aussi fit-il rapidement quelques pas vers la porte ; mais sans doute réfléchit-il, car il s'arrêta tout à coup, et, après quelques minutes de méditation profonde, il revint se perdre au milieu de ses compagnons, chose facile, vu le nombre des hommes et l'obscurité de la nuit.

VI

En entrant dans la salle des Métamorphoses, le prince de Condé avait donné à Dandelot rendez-vous chez son frère l'amiral, pour le lendemain à midi.

Le prince était si impatient de raconter les événements de la veille à Coligny et surtout à Dandelot, plus jeune et moins grave que son frère, qu'il était rue Béthisy avant l'heure indiquée.

Dandelot avait, de son côté, devancé le prince.

Depuis une heure, il était avec Coligny, et la fantaisie amoureuse de mademoiselle de Saint-André avait été traitée d'une façon plus sérieuse entre ces deux graves esprits qu'elle ne l'avait été entre le prince et Dandelot.

L'alliance du maréchal de Saint-André avec les Guises était non-seulement une alliance de famille à famille, mais encore une ligue religieuse et politique faite contre le parti calviniste ; et la façon dont on procédait à l'endroit du conseiller Anne Dubourg indiquait que l'on n'était point disposé à user de ménagements à l'endroit des religionnaires.

Les deux frères avaient pâli sur le billet de mademoiselle de Saint-André ; ils avaient eu beau chercher dans leurs souvenirs, ni l'un ni l'autre n'avaient reconnu les caractères dont il était écrit, et on l'avait envoyé à madame l'amirale, enfermée dans sa chambre, où elle faisait ses dévotions, pour savoir si ses souvenirs la serviraient mieux que ceux de son mari et ceux de son beau-frère.

Dans toute autre circonstance, Dandelot, et surtout Coligny, se fussent opposés à ce que leur cousin, le prince de Condé, donnât suite à cette aventureuse folie ; mais les cœurs les plus honnêtes ont certaines capitulations de conscience auxquelles ils se croient obligés de céder dans les circonstances extrêmes.

Or, il était très-important pour le parti calviniste que M. de Joinville n'épousât point mademoiselle de Saint-André, et, à moins que le rendez-vous de mademoiselle de Saint-André ne fût avec M. le prince de Joinville, — ce qui n'était pas probable, — il était plus que certain que M. de Condé, en supposant qu'il vît quelque chose, ferait si grand bruit de ce qu'il aurait vu, que ce bruit arriverait aux oreilles des Guises et que quelque rupture s'ensuivrait.

Il y avait plus : de cette indiscrétion du prince surgirait, selon toute probabilité, quelque déboire pour lui : or, le prince, flottant entre la religion catholique et la religion calviniste, attiré par Coligny et Dandelot, se ferait peut-être protestant.

Souvent un homme pour un parti vaut mieux qu'une victoire.

Or, c'était non-seulement un homme, mais encore un victorieux, que ce beau, jeune et brave prince.

On l'attendait donc à l'hôtel Coligny avec une impatience dont il ne se doutait pas lui-même.

Il arriva, comme nous l'avons dit, avant l'heure indiquée, et, sur l'invitation des deux frères de faire une confession générale, il commença un récit dans lequel, disons-le à l'honneur de sa véracité, il ne cacha à ses auditeurs rien de ce qui lui était arrivé.

Il raconta tout ce qu'il avait vu et entendu, sans omettre un seul détail, disant même dans quelle position il avait vu et entendu ce qu'il racontait.

Le prince, en homme d'esprit, avait commencé par se moquer de lui-même, afin de prendre les devants sur les autres, et que ceux-ci, voyant que la chose était faite, n'eussent pas l'idée de se moquer.

— Et, maintenant, demanda l'amiral lorsque le prince eut fini sa narration, que comptez-vous faire ?

— Pardieu ! dit Condé, une chose bien simple et pour laquelle je compte plus que jamais sur vous, mon cher Dandelot : renouveler mon expédition.

Les deux frères se regardèrent.

Le prince abondait dans leurs pensées ; cependant Coligny crut de son honneur de faire quelques objections.

Mais, au premier mot qu'il hasarda pour dissuader le prince, celui-ci lui mit la main sur le bras en disant :

— Mon cher amiral, si vous n'êtes pas de mon avis sur ce point, parlons d'autre chose, attendu que mon parti est pris et qu'il m'en coûterait trop de lutter de raisonnement et de volonté avec l'homme que j'aime le mieux et que je respecte le plus au monde, c'est-à-dire avec vous.

L'amiral s'inclina en homme qui prend son parti d'une résolution qu'il se sent impuissant à combattre, mais au fond du cœur enchanté de la persistance de son cousin.

Il fut donc convenu que ce soir-là, comme la veille, Dandelot faciliterait au prince les moyens de pénétrer dans la chambre des Métamorphoses.

Rendez-vous fut pris à minuit moins un quart dans le même corridor que la veille.

Le mot d'ordre fut confié au prince, afin qu'il pût entrer sans difficulté.

Puis il réclama son billet.

Alors, l'amiral avoua au prince que, n'ayant pu, ni lui ni son frère, reconnaître l'écriture, il avait envoyé le billet à madame l'amirale, chez laquelle on n'osait pénétrer à cette heure, attendu qu'elle faisait ses dévotions.

Dandelot se chargea de le demander à sa belle-sœur le soir même, au cercle de la reine

Catherine, et l'amiral, lui, prit l'engagement de faire souvenir à sa femme qu'elle devait emporter le billet au Louvre.

Ces divers points arrêtés, Dandelot et le prince prirent congé de l'amiral, Dandelot pour retourner à son poste, le prince pour rentrer chez lui.

Le reste de la journée s'écoula aussi lentement et aussi fiévreusement pour celui-ci que s'était écoulée la journée précédente.

Enfin, les heures passèrent les unes après les autres, et la demie avant minuit arriva à son tour.

On sait, par ce qui était arrivé à Robert Stuart trois heures avant l'entrée du prince au palais, quelles étaient les préoccupations de la soirée.

On ne parlait au Louvre que de l'exécution du conseiller Dubourg, fixée par le roi lui-même au surlendemain.

Le prince trouva Dandelot profondément affligé ; mais, comme cette exécution établissait en somme, et d'une façon incontestable, le crédit dont M. de Guise, le persécuteur avoué du conseiller Dubourg, jouissait près du roi, Dandelot n'en eut qu'un plus ardent désir de voir s'accomplir la mystification dont était menacé

M. de Joinville et de jeter au moins le rire du ridicule au milieu du sanglant triomphe de ses ennemis.

Comme la veille, le corridor était plongé dans l'obscurité; comme la veille, la chambre des Métamorphoses n'était éclairée que par la lampe d'argent; comme la veille, la toilette était préparée ; comme la veille, les candélabres n'attendaient qu'un ordre pour illuminer de nouveau les charmantes beautés qu'ils avaient éclairées la veille.

Seulement, cette fois, le balustre de l'alcôve était ouvert.

C'était une indication de plus confirmant que le rendez-vous n'avait point été contremandé.

Et, comme il crut entendre des pas dans le corridor, le prince se glissa rapidement sous le lit, sans prendre la peine de faire, ce soir-là, les mêmes réflexions que la veille ; ce qui prouve que l'on s'habitue à tout, même à se cacher sous les lits.

Le prince ne s'était pas trompé : c'étaient bien des pas qu'il avait entendus dans le corridor, et ces pas cherchaient bien la chambre des Métamorphoses ; car ils s'arrêtèrent devant l'entrée, et le prince entendit le léger cri d'une porte qui tourne sur ses gonds.

— Bon ! dit-il, nos amoureux sont plus pressés aujourd'hui qu'hier : c'est tout simple, il y a vingt-quatre heures qu'ils ne se sont vus.

Les pas s'approchaient légers comme ceux d'une personne qui entre furtivement.

Le prince allongea la tête et vit les jambes nues d'un archer de la garde écossaise.

— Oh ! oh ! fit le prince, que veut dire cela ?

Et il allongea un peu plus la tête, de sorte qu'après les jambes il vit le corps.

Il ne s'était pas trompé, c'était bien un archer de la garde écossaise qui venait d'entrer.

Seulement, le nouveau venu semblait tout aussi dépaysé qu'il l'avait été lui-même la veille ; comme avait fait le prince, il souleva les rideaux et les tapis des tables ; mais rien de tout cela ne lui présentant, selon toute probabilité, un assez sûr asile, il s'approcha du lit, et, jugeant comme le prince que la cachette était bonne, il s'y glissa du côté opposé à celui où M. de Condé venait de s'y glisser lui-même.

Seulement, avant que l'Écossais eût eu le temps de s'accommoder sous le lit, il sentait la pointe d'un poignard s'appuyer sur son cœur, tandis qu'une voix lui disait à l'oreille :

— Je ne sais qui vous êtes ni quel dessein

vous amène ici, mais pas un mot, pas un mouvement, ou vous êtes mort !

— Je ne sais ni qui vous êtes ni quel dessein vous amène ici, répondit de la même voix le nouveau venu, mais je n'accepte de conditions de personne : enfoncez donc votre poignard, si cela vous convient ; il est à la bonne place, je ne crains pas de mourir.

— Ah ! ah ! dit le prince, vous m'avez l'air d'un brave, et les braves sont toujours bienvenus avec moi. Je suis le prince Louis de Condé, monsieur, et je remets mon poignard au fourreau. J'espère que vous allez avoir même confiance pour moi et me dire qui vous êtes.

— Je suis Écossais, monseigneur, et m'appelle Robert Stuart.

— Ce nom m'est inconnu, monsieur.

L'Écossais se tut.

— Vous plairait-il, continua le prince, de me dire dans quel dessein vous venez dans cette chambre, et à quelle intention vous vous êtes caché sous ce lit ?

— Vous m'avez donné l'exemple de la confiance, monseigneur, il serait digne de vous de continuer et de me dire dans quelle intention vous y êtes vous-même ?

— Ma foi, monsieur, c'est chose facile, dit

le prince en se plaçant plus commodément qu'il n'était d'abord, je suis amoureux de mademoiselle de Saint-André.

— La fille du maréchal? dit l'Écossais.

— Justement, monsieur, elle-même. Or, ayant, par voie indirecte, reçu l'avis qu'elle avait rendez-vous ici ce soir avec son amant, j'ai eu la coupable curiosité de vouloir connaître l'heureux mortel qui jouissait des bonnes grâces de l'honnête demoiselle, et je me suis fourré sous ce lit, où je me trouve assez mal à mon aise, je vous l'avoue. A votre tour, monsieur.

— Monseigneur, il ne sera pas dit qu'un inconnu aura moins de confiance dans un prince que ce prince n'en a eu dans un inconnu : c'est moi qui, avant-hier et hier, ai écrit au roi.

— Ah! morbleu! et qui avez mis vos lettres à la poste à travers les carreaux du maréchal de Saint-André?

— C'est moi-même.

— Pardon! dit le prince, mais alors...

— Quoi, monseigneur?

— Si je me rappelle bien, dans cette lettre, dans la première du moins, vous menaciez le roi.

— Oui, monseigneur, s'il ne rendait point la liberté au conseiller Anne Dubourg.

— Et, pour rendre votre menace plus sérieuse, vous disiez que c'était vous qui aviez tué le président Minard, fit le prince, assez ébouriffé de se trouver côte à côte avec un homme qui avait écrit une pareille lettre.

— C'est moi, en effet, monseigneur, qui ai tué le président Minard, répondit l'Écossais sans qu'on pût remarquer la moindre altération dans sa voix.

— Peut-être oseriez-vous faire violence au roi ?

— J'étais ici à cette intention.

— A cette intention ! s'écria le prince oubliant où il était et le danger qu'il y avait pour lui à être entendu.

— Oui, monseigneur ; mais je ferai remarquer à Votre Altesse qu'elle parle un peu haut, et que notre position réciproque nous impose l'obligation de parler bas.

— Vous avez raison, dit le prince. Oui, morbleu ! monsieur, parlons bas ; car nous parlons de choses qui sonnent mal dans un palais comme le Louvre.

Et baissant, en effet, la voix :

— Peste ! il est bien heureux pour Sa Majesté que je me sois trouvé là à point nommé, tout en venant pour autre chose.

— Alors, vous comptez vous opposer à mon projet?

— Je le crois bien! Comme vous y allez! vous en prendre à un roi pour empêcher un conseiller d'être brûlé!

— Ce conseiller, monseigneur, c'est le plus honnête homme de la terre.

— N'importe!

— Ce conseiller, monseigneur, c'est mon père.

— Ah! c'est autre chose. Eh bien, alors, c'est bien heureux, non plus pour le roi, mais pour vous, que je vous aie rencontré.

— Pourquoi cela?

— Vous allez voir... Pardon, mais n'ai-je pas entendu?... Non, je me trompais... Vous me demandiez pourquoi il était bien heureux que je vous eusse rencontré?

— Oui.

— Je vais vous le dire : avant tout, vous allez me jurer sur votre honneur de ne faire aucune tentative sur le roi.

— Jamais!

— Mais, si je vous engage ma foi de prince d'obtenir la grâce du conseiller, moi?

— Si vous engagez votre foi, monseigneur?

— Oui.

— Alors, je dirai comme vous, c'est autre chose.

— Eh bien, foi de gentilhomme ! je ferai mon possible pour sauver M. Dubourg.

— Eh bien, foi de Robert Stuart ! monseigneur, si le roi vous accorde cette grâce, le roi me sera sacré.

— Deux hommes d'honneur n'ont besoin que d'échanger une parole ; notre parole est échangée, monsieur ; parlons d'autre chose.

— Je crois, monseigneur, qu'il vaudrait mieux que nous ne parlassions pas du tout.

— Avez-vous entendu du bruit !

— Non ; mais, d'un moment à l'autre...

— Bah ! ils vous laisseront bien le temps de me dire comment vous êtes ici.

— C'est bien simple, monseigneur : j'ai pénétré dans le Louvre à l'aide de ce déguisement.

— Vous n'êtes donc pas archer ?

— Non, j'ai pris le costume d'un de mes amis.

— Vous lui avez fait là un joli tour, à votre ami.

— J'eusse déclaré que ce costume lui était soustrait.

— Et, si vous aviez été tué sans avoir eu le temps de faire cette déclaration ?

— On eût trouvé dans ma poche un papier qui l'innocentait.

— Allons, je vois que vous êtes un homme d'ordre ; mais tout cela ne me dit pas comment vous avez pénétré jusqu'ici, ni comment vous êtes venu vous fourrer sous le lit de cette chambre dans laquelle Sa Majesté ne met peut-être pas les pieds quatre fois par an.

— Parce que Sa Majesté y vient cette nuit, monseigneur.

— Vous en êtes sûr ?

— Oui, monseigneur.

— Et comment en êtes-vous sûr ? Voyons ! dites.

— Il n'y a qu'un instant, j'étais dans un corridor.

— Lequel ?

— Je ne le connais pas, je viens pour la première fois au Louvre.

— Eh bien, mais vous ne vous en tirez pas mal pour la première ! Donc vous étiez dans un corridor.

— Caché derrière la portière d'une chambre sans lumière, quand j'entendis chuchoter à deux pas de moi. Je prêtai l'oreille et j'entendis ces mots prononcés par deux femmes :

» — C'est toujours pour ce soir, n'est-ce pas ?

» — Oui.

» — Dans la salle des Métamorphoses ?

» — Oui.

» — A une heure précise le roi y sera. Je vais mettre la clef.

— Vous avez entendu cela ! s'écria le prince, oubliant encore dans quel lieu il se trouvait et donnant à sa voix un formidable éclat.

— Oui, monseigneur, répondit l'Écossais ; autrement, que viendrais-je faire dans cette chambre ?

— C'est juste, dit le prince.

Et, à part lui :

—Oh ! murmura-t-il sourdement,c'était le roi !

— Vous dites, monseigneur ? reprit l'archer, croyant que ces paroles s'adressaient à lui.

— Je vous demande, monsieur, comment vous avez fait pour trouver cette chambre, puisque vous avouez vous-même ne pas connaître le Louvre.

— Oh ! bien simplement, monseigneur. J'ai entr'ouvert la portière et suivi des yeux la personne qui venait mettre la clef. La clef mise, elle a continué son chemin et a disparu à l'extrémité du corridor. Alors, j'allais me hasarder à mon tour, quand j'ai entendu des pas qui s'approchaient : je me suis recaché derrière ma tapisserie, un homme a passé devant moi dans l'obscurité; l'homme passé, je l'ai suivi des yeux à son tour et l'ai vu s'arrêter à la porte de cette chambre, la pousser, entrer. Alors je me suis dit : Cet homme, c'est le roi. Je n'ai pris que le temps de recommander mon âme à Dieu. J'ai fait le chemin que venaient de m'indiquer, chacun à son tour, la femme et l'homme. J'ai trouvé non-seulement la clef à la porte, mais encore la porte entr'ouverte : je l'ai poussée, je suis entré ; ne voyant personne, j'ai cru que je m'étais trompé, que l'homme que j'avais vu familier du Louvre était entré dans quelque pièce voisine. J'ai cherché un endroit pour me cacher. J'ai vu un lit... Vous savez le reste, monseigneur.

— Oui, morbleu ! je le sais ; mais...

— Silence, monseigneur !

— Quoi ?

— Pour cette fois, on vient.

— J'ai votre parole, monsieur.

— Et moi la vôtre, monseigneur.

Les mains des deux hommes se touchèrent.

Un pas léger, un pas de femme, se posa timidement sur le tapis.

— Mademoiselle de Saint-André, dit tout bas le prince, là, à ma gauche.

En ce moment, une porte s'ouvrit à l'autre bout de l'appartement, un jeune homme, un enfant presque, entra.

— Le roi ! dit tout bas l'Écossais, là, à ma droite.

— Morbleu ! murmura le prince, en voilà un, je l'avoue, dont j'étais loin de me douter !

VII

L'appartement que Catherine de Médicis occupait au Louvre, tendu d'étoffes brunes, entouré de boiseries de chêne de couleur sombre; la longue robe de deuil que, comme veuve de quelques mois, elle portait en ce moment et qu'elle porta, d'ailleurs, tout le reste de sa vie, faisaient, à première vue, une funèbre impression; mais il suffisait de lever la tête au-dessus du dais sous lequel elle était assise, pour s'assurer qu'on n'était point dans une nécropole.

En effet, au-dessus de ce dais rayonnait un

arc-en-ciel entouré d'une devise grecque, que le roi avait donnée à sa bru, et qui pouvait, comme nous croyons déjà l'avoir dit ailleurs, se traduire par ces mots : « J'apporte la lumière et la sérénité. »

En outre, si cet arc-en-ciel, comme un pont jeté entre le passé et l'avenir, entre un deuil et une fête, n'eût pas suffi à rasséréner l'étranger introduit tout à coup dans cet appartement, il n'eût eu qu'à baisser les yeux du dessus au dessous du dais, et qu'à regarder, entourée de sept jeunes femmes que l'on appelait la pléiade royale, la vraiment belle créature qui était assise dans ce fauteuil, et qui avait nom Catherine de Médicis.

Née en 1519, la fille de Laurent entrait déjà dans sa quarantième année, et, si la couleur de ses vêtements rappelait la mort dans sa toute froide rigidité, ses yeux vifs, perçants, rayonnant d'un éclat surnaturel, révélaient la vie dans toute sa force et dans toute sa beauté. En outre, la blancheur d'ivoire de son front, l'éclat de son teint, la pureté, la noblesse, la sévérité des lignes de son visage, la fierté de son regard, l'immobilité de sa physionomie, sans cesse en opposition avec la mobilité de ses yeux, tout faisait de cette tête un masque d'impératrice romaine,

et, vue de profil, l'œil fixe, les lèvres immobiles, on l'eût prise pour un camée antique.

Cependant ce front, sombre d'habitude, venait
de s'éclaircir; ces lèvres, immobiles d'ordinaire,
venaient de s'entr'ouvrir et de s'agiter, et, quand
madame l'amirale entra, elle eut peine à retenir un cri de surprise en voyant le sourire de
cette femme qui souriait si peu.

Mais elle devina bientôt sous quel souffle il
venait d'éclore.

Près de la reine était monseigneur le cardinal
de Lorraine, archevêque de Reims et de Nar-
bonne, évêque de Metz, de Toul et de Verdun,
de Thérouanne, de Luçon, de Valence, abbé de
Saint-Denis, de Fécamp, de Cluny, de Mar-
moutiers, etc.

Le cardinal de Lorraine, dont nous avons eu
déjà à nous occuper presque autant de fois que
nous nous sommes occupé de la reine Catherine
vu la place importante qu'il tient dans l'histoire,
de la fin du xvi° siècle ; ce cardinal de Lorraine,
second fils du premier duc de Guise, frère du
Balafré, ce cardinal de Lorraine, l'homme sur
lequel toutes les grâces ecclésiastiques, connues
et inconnues en France, se répandirent à la fois ;
l'homme enfin qui, envoyé à Rome en 1548,
avait produit une telle sensation dans la ville

pontificale par sa jeunesse, sa beauté, sa grâce, sa taille majestueuse, son train magnifique, ses manières affables, son esprit, son amour de la science, que tous ces dons reçus de la nature, perfectionnés et encadrés par l'éducation, avaient justifié le don de la pourpre romaine dont le pape Paul III l'avait honoré depuis un an.

Né en 1525, il avait, à l'époque où nous sommes arrivés, trente-quatre ans. C'était un cavalier prodigue et magnifique, superbe et libéral, répétant avec sa commère Catherine, quand on leur reprochait l'épuisement des finances : « Il faut louer Dieu de tout ; mais il faut vivre. »

Sa commère Catherine — puisque nous lui avons donné ce nom familier — était bien, en effet, sa commère dans toute l'acception du mot ; à cette époque, elle n'eût pas fait un pas sans consulter M. le cardinal de Lorraine. Cette intimité s'explique par la domination que le cardinal exerçait sur l'esprit de la reine mère et fait comprendre la puissance illimitée, le pouvoir absolu de la maison de Lorraine sur la cour de France.

En voyant donc le cardinal de Lorraine appuyé au fauteuil de Catherine, madame l'amirale s'expliqua le sourire de la reine mère : sans doute le cardinal venait de faire quelque récit avec cet esprit railleur qu'il possédait au plus haut degré.

Les autres personnages qui entouraient la reine mère étaient François de Guise et le prince de Joinville, son fils, fiancé de mademoiselle de Saint-André; le maréchal de Saint-André lui-même; le prince de Montpensier; sa femme, Jacqueline de Hongrie, si célèbre par le crédit qu'elle avait près de Catherine de Médicis; le prince de la Roche-sur-Yon.

Derrière eux, le jeune seigneur de Bourdeilles (Brantôme), Ronsard, Baïf, « aussi bonhomme que mauvais poëte, » dit le cardinal Duperron-Daurat; « bel esprit, laid poëte èt Pindare de la France, » disent ses contemporains.

Puis Remi Belleau, peu connu par sa mauvaise traduction d'*Anacréon* et son poëme sur la diversité des pierres précieuses, mais célèbre par sa fraîche chanson sur le mois d'avril; Pontus de Thiard, mathématicien, philosophe, théologien et poëte, celui-là qui introduisit, dit Ronsard, les sonnets en France; Jodelle, auteur de *Cléopâtre*, la première tragédie française, — Dieu lui pardonne au ciel comme nous lui pardonnons sur la terre ! — auteur de *Didon*, la seconde tragédie; d'*Eugène*, comédie, et d'une foule de sonnets, chansons, odes et élégies en vogue à cette époque, inconnus à la nôtre ; enfin la pléiade tout entière, moins Clément Marot, mort en 1544, et Joachim de Bellay, surnommé, par Marguerite de Navarre, l'Ovide français.

Ce qui réunissait, ce soir-là, chez la reine mère tous ces poëtes qui, d'ordinaire, faisaient peu d'efforts pour se trouver en présence les uns des autres, c'était l'accident arrivé la veille à la jeune reine Marie Stuart.

C'était au moins le prétexte que chacun avait pris ; car, à vrai dire, la beauté, la jeunesse, la grâce, l'esprit de la jeune femme, pâlissaient pour eux devant la majesté et la toute-puissance de la reine mère. Aussi, après quelques banales condoléances sur un événement qui devait cependant avoir de si terribles conséquences dans l'avenir — la perte d'un héritier de la couronne — avait-on oublié la cause de la visite pour ne plus se souvenir que des grâces, faveurs ou bénéfices qu'on avait à demander pour les siens ou pour soi-même.

On avait même parlé des deux lettres menaçantes envoyées coup sur coup au roi de France par les fenêtres du maréchal de Saint-André ; mais la conversation, n'ayant point

paru d'un intérêt suffisant, était tombée d'elle-
même.

A l'arrivée de l'amirale, tous ces visages
souriants se refrognèrent, et la causerie, d'enjouée qu'elle était, devint pour un moment
froide et sérieuse.

On eût dit l'arrivée d'un ennemi dans un
camp d'alliés.

En effet, par sa rigidité religieuse, madame
l'amirale de Coligny faisait ombrage aux sept
étoiles qui entouraient Catherine. Comme les
sept filles de l'Atlas, ces brillantes constella-
tions se sentaient mal à l'aise devant cette iné-
branlable vertu qu'on avait tant de fois cherché
à entamer et qu'on était réduit à calomnier par
l'impossibilité d'en médire.

L'amirale, au milieu de ce silence si signifi-
catif et que cependant elle fit semblant de ne pas
remarquer, alla baiser la main de la reine Catherine et revint s'asseoir sur un tabouret à la
droite de M. le prince de Joinville, à la gauche
de M. le prince de la Roche-sur-Yon.

— Eh bien, messieurs du Parnasse, dit Catherine après que l'amirale fut assise, aucun de
vous ne saurait-il donc nous réciter quelque
chanson nouvelle, quelque nouveau triolet ou
quelque bonne épigramme ? Voyons, maestro

Ronsard, *monsou* Jodelle, *monsou* Remi Belleau, c'est à vous de défrayer la conversation ; beau mérite d'avoir chez soi des oiseaux, si ces oiseaux ne chantent pas ! M. Pierre de Bourdeilles vient de nous réjouir par un beau conte ; égayez-nous, vous, par quelque belle poésie.

La reine disait ces paroles avec cette prononciation demi-française demi-italienne qui donnait un charme si piquant à sa conversation, quand elle était enjouée, et qui savait cependant, comme la langue de Dante, prendre un si terrible accent quand s'assombrissait cette même conversation.

Et, comme le regard de Catherine était resté fixé sur Ronsard, ce fut lui qui s'avança, et, répondant à l'appel :

— Gracieuse reine, dit-il, tout ce que j'ai fait est venu à la connaissance de Votre Majesté, et, quant à ce qu'elle ne connaît pas, je n'oserais trop le lui faire connaître.

— Et pourquoi cela, maestro ? demanda Catherine.

— Mais parce que ce sont vers d'amour faits pour les ruelles, et que Votre Majesté est un peu bien imposante pour qu'on ose chanter devant elle les amoureuses chansons des bergers de Cnide et de Cythère.

— Bah ! dit Catherine, ne suis-je pas du pays de Pétrarque et de Boccace ? Dites, dites, maître Pierre, si toutefois madame l'amirale le permet.

— La reine est reine ici comme ailleurs ; elle donne ses ordres, et ses ordres sont obéis, répondit l'amirale en s'inclinant.

— Vous voyez, maestro, dit Catherine, vous avez toute licence. Allez ! nous écoutons.

Ronsard fit un pas en avant, passa la main dans sa belle barbe blondoyante, leva un instant au ciel ses yeux pleins de douce gravité, comme pour demander la mémoire là où il cherchait l'inspiration, et, d'une voix charmante, il dit une chanson d'amour qu'envierait plus d'un de nos poëtes contemporains.

Après lui, Remi Belleau récita, à la demande de la reine Catherine, une villanelle sur les regrets d'un tourtereau pour sa tourterelle. C'était une méchanceté à l'adresse de l'amirale de Coligny, accusée par les mauvaises langues de la cour d'une tendre inclination pour le maréchal de Strozzi, tué d'un coup de mousquet l'année précédente au siége de Thionville.

L'assemblée battit des mains, à la grande confusion de madame l'amirale, qui, quelque puissance qu'elle eût sur elle-même, ne put empêcher le sang de lui monter au visage.

Le calme un peu rétabli, Pierre de Bourdeilles, seigneur de Brantôme, fut invité à réciter quelques-unes de ses anecdotes galantes, qui se terminèrent par un fou rire général : c'était à qui se pâmerait, à qui se tordrait ou s'accrocherait à ses voisins pour ne pas tomber. Des cris sortaient de toutes les bouches, des larmes jaillissaient de tous les yeux, et chacun tirait son mouchoir en disant :

— Oh ! assez, monsieur de Brantôme, par grâce ! assez ! assez !

Madame l'amirale avait été prise comme les autres de ce spasme nerveux et irrésistible qu'appelle le rire, et, comme les autres, elle avait tiré avec force mouvements convulsifs son mouchoir de sa poche.

Or, il arriva qu'en tirant son mouchoir elle tira en même temps le billet qu'elle apportait à Dandelot.

Seulement, tandis qu'elle portait le mouchoir à ses yeux, le billet tombait à terre.

Le prince de Joinville, nous l'avons dit, était près de l'amirale. Tout en riant, tout en se renversant, tout en se tenant les côtes, le jeune prince vit tomber le billet, — un billet parfumé, plié, soyeux, un véritable billet doux sortant de la poche de l'amirale.

M. de Joinville avait tiré son mouchoir comme les autres. Il laissa tomber son mouchoir sur le billet et ramassa tout ensemble le billet et le mouchoir.

Puis, s'étant assuré que l'un enveloppait l'autre, il mit le tout dans sa poche, se réservant de lire le billet en temps opportun.

Ce temps opportun, c'était le départ de madame l'amirale.

Comme à tous les paroxysmes de joie, de douleur ou de rire, il succéda aux bruyants éclats de la royale société quelques secondes de silence pendant lesquelles minuit sonna.

Ce timbre de l'horloge et cette heure de nuit rappelèrent à l'amirale qu'il était temps pour elle de remettre le billet à Dandelot et de rentrer à l'hôtel de Coligny.

Elle fouilla à sa poche, cherchant le billet. Le billet n'y était plus. Elle fouilla successivement dans toutes ses poches, dans son escarcelle, dans sa poitrine, tout fut inutile. Le billet avait disparu, pris ou perdu, — perdu selon toute probabilité.

L'amirale tenait encore son mouchoir à la main. Cette idée l'illumina qu'en tirant son mouchoir de sa poche elle en avait fait sortir le billet.

Elle regarda à terre : le billet n'y était pas. Elle déplaça son tabouret : pas de billet !

L'amirale sentit qu'elle changeait de couleur.

M. de Joinville, qui suivait tout ce manége, n'y put tenir.

— Qu'avez-vous donc, madame l'amirale ? demanda-t-il. On dirait que vous cherchez quelque chose.

— Moi ? Non... Si... Rien... rien... je n'ai rien perdu, balbutia l'amirale en se levant.

— Oh ! mon Dieu, chère amie, demanda Catherine, que vous arrive-t-il donc ? Vous passez du blanc au pourpre...

— Je me sens mal à l'aise, dit l'amirale troublée, et, avec la permission de Votre Majesté, je me retire...

Catherine rencontra le regard de M. de Joinville et comprit, à ce regard, qu'il fallait laisser toute liberté à l'amirale.

— Oh ! chère amie, lui dit-elle, Dieu me garde de vous retenir, souffrante comme vous l'êtes ! Rentrez chez vous et soignez bien votre santé, qui nous est si chère à tous.

L'amirale, à moitié suffoquée, s'inclina sans répondre et sortit.

Avec elle sortirent Ronsard, Baïf, Daurat, Jodelle, Thiard et Belleau, qui la reconduisirent, toujours fouillant dans ses poches, jusqu'à sa chaise; puis, ayant vu les porteurs se diriger vers l'hôtel Coligny, les six poëtes gagnèrent les quais et se rendirent, causant rhétorique et philosophie, rue des Fossés-Saint-Victor, où était située la maison de Baïf, espèce d'académie anticipée, où les poëtes se réunissaient à certains jours ou plutôt à certaines nuits pour traiter de poésie ou de toute autre matière littéraire et philosophique.

Laissons-les aller, — car ils s'écartent du fil qui nous conduit dans le labyrinthe d'intrigues politiques et amoureuses où nous sommes engagés, — et rentrons dans l'appartement de Catherine.

VIII

A peine l'amirale était-elle sortie, que chacun, se doutant qu'il venait de se passer quelque chose d'extraordinaire, s'écria :

— Mais qu'avait donc madame l'amirale ?

— Demandez à **M.** de Joinville, répondit la reine mère.

— Comment ! à vous ? demanda le cardinal de Lorraine.

— Parlez ! prince, parlez ! s'écrièrent toutes les femmes.

— Ma foi! mesdames, répondit le prince, je ne sais encore que vous dire. Mais, ajouta-t-il en tirant le billet de sa poche, voici qui va parler pour moi.

— Un billet ! s'écria-t-on de tous côtés.

— Un billet ! tiède, parfumé, satiné, et tombé de quelle poche ?

— Oh ! prince...

— Devinez ?

— Non ; dites tout de suite.

— De la poche de notre sévère ennemie, madame l'amirale !

— Ah ! dit Catherine, voilà donc pourquoi vous me faisiez signe de la laisser aller ?

— Oui, j'avoue mon indiscrétion ; j'avais hâte de savoir ce qu'il y avait dans ce billet.

— Et il y a ? demanda Catherine.

— J'ai pensé que ce serait manquer de respect à Votre Majesté que de lire ce précieux billet avant elle.

— Alors, donnez, prince.

Et, avec un respectueux salut, M. de Joinville donna la lettre à la reine mère.

On se pressa autour de Catherine, la curiosité l'emportait sur le respect.

— Mesdames, dit Catherine, il se peut que cette lettre renferme quelque secret de famille. Laissez-moi d'abord la lire seule, et je vous promets que, si elle peut être lue tout haut, c'est une joie dont je ne vous priverai point.

On s'écarta de Catherine : par cet isolement, un candélabre fut démasqué et la reine mère put lire le billet.

M. de Joinville suivait avec anxiété les mouvements de la physionomie de Catherine, et, quand celle-ci eut achevé :

— Mesdames, dit-il, la reine va lire.

— En vérité, prince, je trouve que vous vous hâtez bien. Je ne sais si je peux vous livrer ainsi les secrets amoureux de ma bonne amie madame l'amirale.

— C'est donc véritablement un billet d'amour? demanda le duc de Guise.

— Par ma foi! dit la reine, vous allez en juger vous-mêmes; car, pour mon compte, je crois avoir mal lu.

— Et c'est pour cela que vous allez relire, n'est-ce pas, madame? dit le prince de Joinville impatient.

— Écoutez! dit Catherine.

Il se fit un merveilleux silence, dans lequel on n'entendait pas une seule respiration, quoiqu'il y eût là une quinzaine de personnes.

La reine lut :

« Ne manquez pas de vous rendre à une heure après minuit dans la chambre des Métamorphoses. La chambre où nous nous sommes vus la nuit dernière est trop près de l'appartement des deux reines. Notre confident, dont vous connaissez la fidélité, aura soin de tenir la porte ouverte. »

Il n'y eut qu'un cri d'étonnement.

C'était un rendez-vous, un rendez-vous bien formel ; — un rendez-vous donné par l'amirale, puisque ce billet était tombé de la poche de l'amirale.

Ainsi la visite de l'amirale à la reine Catherine n'était qu'un prétexte pour entrer au Louvre, et, comme Dandelot était de garde, l'amirale, qui sans doute pouvait compter sur son beau-frère, en sortirait quand elle voudrait.

Seulement, quel pouvait être l'homme ?

On passa en revue tous les amis de l'amirale les uns après les autres, mais madame de Coligny vivait d'une vie si sévère, que l'on ne sut auquel s'arrêter.

On en vint à soupçonner Dandelot lui-même, tant le soupçon était facile dans cette cour corrompue.

— Mais, dit le duc de Guise, il y a un moyen bien simple de connaître le galant.

— Lequel? demanda-t-on de tous côtés.

— Le rendez-vous est pour cette nuit.

— Oui, dit Catherine.

— Dans la chambre des Métamorphoses?

— Oui.

— Eh bien, c'est de faire pour les amants ce que firent les dieux de l'Olympe pour Mars et Vénus.

— Les visiter pendant leur sommeil ! s'écria M. de Joinville.

Les dames se regardèrent. Elles mouraient d'envie d'accueillir la proposition par d'unanimes applaudissements ; mais elles n'osaient avouer cette envie.

Il était minuit et demi. C'était une demi-heure à attendre, et, en médisant de son prochain, une demi-heure passe vite.

On médit de l'amirale, on se peignit d'avance sa confusion, et la demi-heure passa.

Mais nulle n'était plus ravie que Catherine à cette excellente idée de prendre sa chère amie l'amirale sur le fait.

Une heure sonna.

Tout le monde battit des mains, tant cette heure était impatiemment attendue.

— Allons, dit le prince de Joinville, en marche !

Mais le maréchal de Saint-André l'arrêta.

— O jeunesse imprudente ! dit-il.

— Avez-vous quelque observation à faire ? demanda M. de la Roche-sur-Yon.

— Oui, dit le maréchal.

— En ce cas, écoutez-la, reprit Catherine, et religieusement, messieurs. Notre ami le maréchal a une grande expérience en toute chose et particulièrement sur ces sortes de matières.

— Eh bien, dit le maréchal, voici ce que je voulais dire pour maîtriser l'impatience de mon gendre, M. de Joinville : c'est qu'il arrive parfois qu'on ne se trouve pas à un rendez-vous à l'heure précise et que, si nous allions arriver trop tôt, notre dessein courrait risque d'avorter.

On se rendit à ce prudent conseil du maréchal de Saint-André, et chacun convint avec la reine Catherine qu'il était passé maître en ces sortes de choses.

Il fut donc convenu qu'on attendrait une demi-heure encore.

Le demi-heure s'écoula.

Mais alors l'impatience était devenue telle, que, quelles que fussent les observations qu'eût pu faire le maréchal de Saint-André, elles n'eussent pas été écoutées.

Aussi n'en risqua-t-il aucune, soit qu'il comprît leur parfaite inutilité, soit qu'il pensât que l'heure de tenter l'expédition fût effectivement venue.

Il promit néanmoins à la joyeuse troupe de l'accompagner jusqu'à la porte, et, une fois arrivé là, d'y attendre le résultat.

Il fut convenu que la reine-mère se retirerait dans sa chambre à coucher, où le prince de Joinville viendrait lui rendre compte de tout ce qui se serait passé.

Toutes les formalités étant ainsi réglées, chacun prit une bougie à la main. Le jeune duc de Montpensier et le prince de la Roche-sur-Yon en prirent deux, et le cortége, M. de Guise en tête, se dirigea solennellement vers la salle des Métamorphoses.

Arrivé à la porte, on s'arrêta, et chacun colla son oreille à la serrure.

Pas le moindre bruit ne se faisait entendre.

On se rappela que, de ce côté, on était encore séparé de la salle des Métamorphoses par une antichambre.

Le maréchal de Saint-André poussa doucement la porte de cette antichambre, mais la porte résista.

— Diable ! fit-il, nous n'avions pas pensé à cela : la porte est fermée en dedans.

— Enfonçons-la ! dirent les jeunes princes.

— Doucement, messieurs ! dit M. de Guise, nous sommes au Louvre.

— Soit ! répondit le prince de la Roche-sur-Yon, mais nous sommes du Louvre.

— Messieurs ! messieurs ! insista le duc, nous venons constater un scandale, ne le justifions point par un autre.

— C'est vrai ! dit Brantôme, et le conseil est bon. J'ai connu une belle et honnête dame...

— M. de Brantôme, dit en riant le prince de Joinville, nous faisons dans ce moment-ci de l'histoire et n'en racontons pas. Trouvez-nous un moyen d'entrer, et ce sera un chapitre de plus à ajouter à vos *Dames galantes.*

—Eh bien, dit M. de Brantôme, faites comme on fait chez le roi : grattez doucement à la porte, et peut-être que l'on vous ouvrira.

— M. de Brantôme a raison, dit le prince de Joinville. Grattez, beau-père, grattez !

Le maréchal de Saint-André gratta.

Un valet qui veillait, ou plutôt qui dormait dans l'antichambre, et qui n'avait rien entendu de tout le dialogue que nous venons de rapporter, ce dialogue ayant eu lieu à voix basse, se réveilla, et, croyant que c'était la Lanoue qui venait reprendre mademoiselle de Saint-André, comme c'était son habitude, entr'ouvrit la porte et demanda en se frottant les yeux :

— Qu'y a-t-il ?

Le maréchal de Saint-André s'effaça d'un côté de la porte, et le valet de chambre se trouva en face de M. le duc de Guise.

Le valet, en voyant toutes ces bougies, tous ces seigneurs, toutes ces dames, tous ces yeux qui riaient, toutes ces bouches qui raillaient, commença de croire à une surprise et essaya de refermer la porte.

Mais le duc de Guise avait déjà mis un pied dans l'antichambre en véritable preneur de villes qu'il était, et la porte, en se refermant, alla battre contre le cuir de sa botte.

Le valet continuait de pousser de toutes ses forces.

— Holà ! drôle ! dit le duc, ouvre-nous cette porte.

— Mais, monseigneur, dit le pauvre diable tout tremblant en reconnaissant le duc, j'ai des ordres formels...

— Je connais tes ordres ; mais je connais aussi

le secret de la chose qui se passe là dedans, et c'est pour le service du roi, et avec son assentiment, que nous voulons entrer ici, ces messieurs et moi.

Il eût pu ajouter *ces dames*, car cinq ou six femmes curieuses et riant sous cape suivaient la bande.

Le valet de chambre qui, ainsi que tout le monde, savait l'empire que M. de Guise exerçait à la cour, s'imagina, en effet, qu'il s'agissait de chose convenue entre le duc et le roi. Il ouvrit d'abord la porte de l'antichambre, puis celle de la salle des Métamorphoses, se levant sur la pointe des pieds pour attraper quelque chose de la scène qui allait se passer.

Ce ne fut point une entrée, ce fut une irruption. Le flot se précipita dans la chambre comme une marée qui monte, et .   .   .   .

.   .   .   .

IX

— Où M. de Joinville est forcé de narrer sa mésaventure. —

— Je crois, monseigneur, dit Robert Stuart en sortant le premier de sa retraite, que vous n'avez pas grandes raisons de vous louer de Sa Majesté, et que, si Sa Majesté ne vous accordait pas maintenant la grâce d'Anne Dubourg, vous n'auriez plus contre mon projet d'arguments aussi serrés.

—Vous vous trompez, monsieur, dit le prince de Condé en sortant du côté opposé et en se remettant sur ses jambes : m'eût-il insulté plus gravement encore, le roi est toujours le roi, et je ne saurais venger sur le chef de la nation une injure personnelle.

— Ce qui vient de se passer alors ne modifie aucunement l'engagement que vous avez pris vis-à-vis de moi, monseigneur ?

— Je vous ai promis, monsieur, de demander la grâce du conseiller Anne Dubourg au lever du roi. Aujourd'hui, à huit heures du matin, je serai au Louvre, où je demanderai cette grâce.

— Franchement, monseigneur, dit Robert Stuart, croyez-vous qu'elle vous sera accordée ?

— Monsieur, répondit avec une dignité suprême le prince de Condé, soyez certain que je ne me donnerais pas la peine de demander cette grâce, si je n'étais à peu près sûr de l'obtenir.

— Soit ! murmura Robert Stuart avec un geste qui indiquait qu'il n'avait pas la même confiance ; dans quelques heures, il fera jour, et nous verrons bien...

— Maintenant, monsieur, dit le prince en regardant tout autour de lui, il s'agit de nous esquiver promptement et intelligemment. Grâce à vos deux épîtres et à la manière tant soit peu insolite dont vous les avez fait parvenir, les portes du Louvre sont gardées comme si elles étaient assiégées, et je crois qu'il vous serait difficile, surtout avec l'uniforme que vous portez, de sortir d'ici avant demain au matin. Je vous prie donc de remarquer qu'en vous emmenant avec moi je vais vous tirer, vous et votre ami le prêteur d'uniforme, d'un assez mauvais pas.

— Monseigneur, je n'oublie jamais ni le bien ni le mal.

— Croyez que ce n'est aucunement pour commander votre reconnaissance, mais pour vous prouver la loyauté de mes intentions, et, par cela, vous donner l'exemple ; car vous remarquerez qu'il me suffirait purement et simplement de vous abandonner ici pour être dégagé de mon serment sans toutefois y avoir forfait.

— Je connais la loyauté de M. le prince de Condé, répondit le jeune homme avec une certaine émotion, et je crois qu'il n'aura point à se plaindre de la mienne. A dater de ce jour, je vous suis dévoué corps et âme. Obtenez la grâce de mon père, et vous n'aurez pas de serviteur plus disposé que moi à mourir pour vous.

— Je vous crois, monsieur, répondit le prince de Condé, et, bien que la cause de notre rencontre et la façon dont nous nous sommes rencontrés soient des plus singulières, je ne vous cacherai pas qu'en vertu du motif qui vous le faisait accomplir, j'ai pour votre acte lui-même, si répréhensible qu'il soit aux yeux de tout honnête homme, une certaine indulgence qui va presque jusqu'à la sympathie. Seulement, j'ai besoin que vous me disiez une chose, c'est comment il se fait que vous portiez un nom écossais et que le conseiller Anne Dubourg soit votre père.

— Cela est simple, monseigneur, comme toutes les histoires d'amour. Il y a vingt-deux ans de cela, le conseiller Anne Dubourg en avait alors vingt-huit ; il fit un voyage en Écosse pour voir son ami John Knox. Il y connut une jeune fille du Lothian ; ce fut ma mère. A son retour à Paris, il sut seulement que cette jeune fille était enceinte. Il n'avait jamais douté de sa vertu, de sorte qu'il tint pour son fils et recommanda à John Knox l'enfant quelle mit au monde.

— C'est bien, monsieur, dit le prince de Condé, je sais ce que je voulais savoir. Maintenant, occupons-nous de notre sortie.

Le prince s'avança le premier et entr'ouvrit la porte de la salle des Métamorphoses. Le corridor était redevenu obscur et solitaire, ils s'y engagèrent donc avec une certaine sécurité. Arrivés à la porte du Louvre, le prince jeta son manteau sur les épaules de l'Écossais et fit demander Dandelot.

Dandelot arriva.

En deux mots, le prince le mit au courant de ce qui s'était passé, mais seulement entre le roi, mademoiselle de Saint-André et les malencontreux visiteurs qui étaient venus les tirer de leur sommeil. De Robert Stuart, il ne fut dit autre chose que ces quatre mots :

— *Monsieur est avec moi !*

Dandelot comprit la nécessité qu'il y avait pour Condé de s'éloigner au plus vite du Louvre. Il fit ouvrir une porte particulière, et le prince et son compagnon se trouvèrent dehors.

L'un et l'autre gagnèrent hâtivement la rivière sans échanger un seul mot; ce qui prouvait qu'ils appréciaient tous deux à sa mesure le danger auquel ils venaient d'échapper.

Arrivés sur la berge le prince de Condé demanda à l'Écossais où il allait.

— A droite, monseigneur ! répondit celui-ci.

— Et moi à gauche, dit le prince. Maintenant, trouvez-vous ce soir, à dix heures, devant Saint-Germain-l'Auxerrois. J'aurai, je l'espère, de bonnes nouvelles à vous raconter.

— Merci, monseigneur ! dit le jeune homme en s'inclinant respectueusement, et, permettez-moi de vous le répéter, à partir de cette heure, je vous suis dévoué corps et âme.

Et chacun tira de son côté.

Trois heures sonnaient.

Juste au même instant, le prince de Joinville était introduit dans la chambre à coucher de Catherine de Médicis.

Comment le jeune prince entrait-il, bien malgré lui, à une pareille heure, dans la chambre de la reine mère, et de quel droit le neveu empiétait-il sur les priviléges de l'oncle?

Nous allons le dire.

Ce n'était pas de sa bonne volonté et d'un cœur joyeux que le pauvre prince venait là.

Voici, en effet, ce qui s'était passé.

On se rappelle que la reine mère était restée chez elle, annonçant qu'elle allait se mettre au lit où elle attendrait M. le prince de Joinville, premier promoteur de tant de scandale, qui viendrait lui annoncer ce qui s'était passé.

Ce qui s'était passé, nous le savons.

Or, le prince de Joinville, tout penaud de ce qu'il venait de voir, était moins disposé qu personne à se faire l'historien d'une catastrophe où son honneur conjugal jouait, avant même qu'il fût marié, un triste rôle.

Sans avoir oublié la promesse faite, le prince de Joinville n'était donc aucunement pressé de l'accomplir.

Mais Catherine ne jouissait pas de la même insouciance à l'endroit du secret inconnu. Elle s'était fait dévêtir par ses femmes, elle s'était mise au lit, avait congédié son monde, moins sa femme de chambre de confiance, et avait attendu.

Deux heures du matin avaient sonné. Il n'y avait pas encore de temps perdu.

Puis deux heures un quart, puis deux heures et demie, puis deux heures trois quarts.

Alors, ne voyant paraître ni l'oncle ni le neveu, elle avait perdu patience, avait sifflé sa femme de chambre (l'invention de la sonnette ne remonte qu'à madame de Maintenon), et avait donné l'ordre qu'on allât chercher le prince de Joinville et qu'on le lui amenât mort ou vif.

On avait trouvé le prince en grande conférence avec le duc François de Guise et le cardinal de Lorraine.

Il va sans dire que le conseil de famille décidait qu'un mariage entre le prince de Joinville et mademoiselle de Saint-André était devenu parfaitement impossible.

En face de l'ordre donné par la reine mère de passer chez elle, il n'y avait pas eu à reculer.

Le prince de Joinville était parti la tête basse, et c'était la tête plus basse encore qu'il arrivait.

Quant au duc de Montpensier et au prince de

la Roche sur-Yon, ils s'étaient esquivés pendant le trajet.

Nous verrons plus tard dans quelle intention.

Chaque minute ajoutait à l'impatience de Catherine. Si l'heure avancée lui commandait le sommeil, l'idée qu'elle allait apprendre quelque bonne aventure à la confusion de sa bonne amie madame l'amirale la tenait éveillée.

— Est-ce lui, enfin ? Se dit-elle.

Puis, au moment où parut le jeune homme :

— Venez donc, monsieur de Joinville, lui cria-t-elle d'une voix assez rude ; je vous attends depuis une heure !

Le prince s'approcha du lit en balbutiant une excuse au milieu de laquelle tout ce que Catherine put comprendre furent ces mots :

— Que Votre Majesté me pardonne...

— Je ne vous pardonnerai, *monsou* de Joinville, dit la reine mère avec son accent florentin, que si votre récit m'amuse autant que votre absence m'a ennuyée. Prenez un tabouret, et asseyez-vous dans ma ruelle. Je vois à votre air qu'il s'est passé là-bas des choses extraordinaires.

— Oui, murmura le prince, très-extraordinaires en effet, et auxquelles nous étions loin de nous attendre !

— Tant mieux ! tant mieux ! exclama la reine mère en se frottant les mains : contez-les-moi, ces choses, et sans en omettre une seule. Il y a longtemps que je n'ai pas eu un pareil sujet de gaieté. Ah ! *monsou* de Joinville, on ne rit plus à la cour.

— Cela est vrai, madame, répondit M. de Joinville d'un air funèbre.

— Eh bien, quand l'occasion se présente de se divertir un peu, continua Catherine, il faut courir au-devant d'elle, au lieu de la laisser échapper. Commencez donc votre histoire, *monsou* de Joinville ; j'écoute et vous promets de n'en pas perdre un mot.

Et, en effet, Catherine s'accommoda dans son lit en femme qui prend d'avance toutes ses aises pour n'être dérangée en rien dans la satisfaction qu'elle va goûter.

Puis elle attendit.

Mais le récit était difficile à entamer pour *monsou* de Joinville, comme disait Catherine : aussi *monsou* de Joinville restait-il muet.

La reine mère crut d'abord que le jeune homme recueillait ses idées ; mais, voyant que le silence continuait, elle allongea la tête sans déranger le reste du corps et jeta sur lui un in-descriptible regard d'interrogation.

— Eh bien ? demanda-t-elle.

— Eh bien, madame, répondit le prince, je vous avoue que mon embarras est grand.

— Votre embarras ! Pourquoi ?

— Mais pour raconter à Votre Majesté ce que j'ai vu.

— Qu'avez-vous donc vu, *monsou* de Joinville ? Je vous avoue que vous me rendez folle de curiosité. J'ai attendu, c'est vrai ! continua Catherine en frottant ses belles mains ; mais il paraît que je n'aurai pas perdu pour attendre. Voyons... Ah ! c'était donc bien pour ce soir, car vous vous rappelez, cher *monsou* de Joinville, que le billet que vous m'avez remis portait bien *ce soir*, mais ne portait pas de date.

— C'était bien pour ce soir, oui, madame.

— De sorte qu'ils étaient dans la salle des Métamorphoses ?

— Ils y étaient !

— Tous deux ?

— Tous deux !

— Toujours Mars et Vénus ? Ah çà ! dites-moi, je sais qui était Vénus ; mais Mars ?...

— Mars, madame ?

— Oui, Mars... je ne sais qui était Mars.

— En vérité, madame, je me demande si je dois vous dire...

— Comment! si vous devez me dire? Je crois bien que vous le devez, et, si vous avez des scrupules, je les lève. Voyons le Mars...! Jeune ou vieux?

— Jeune!

— Bien fait de sa personne?

— Bien fait, certainement!

— De qualité, sans doute?

— De première qualité!

— Oh! oh! que me dites-vous là, *monsou* de Joinville? fit la reine mère en se mettant sur son séant.

— La vérité, madame.

— Comment! ce n'est point quelque page aveugle et ignorant?...

— Ce n'est point un page!

— Et ce hardi jeune homme, demanda Catherine ne pouvant résister au désir du sarcasme, ce hardi jeune homme occupe un rang à la cour?

— Oui, Votre Majesté... un très-haut même!

— Un très-haut? Mais, pour Dieu, parlez donc, *monsou* de Joinville! vous vous faites arracher les paroles comme s'il s'agissait d'un secret d'État.

— C'est qu'il s'agit d'un secret d'État, en effet, madame! dit le prince.

— Oh! alors, *monsou* de Joinville, ce n'est plus une prière que je vous adresse, c'est un ordre que je vous donne. Dites-moi le nom de ce personnage.

— Vous le voulez?

— Je le veux!

— Eh bien, madame, dit le prince en relevant la tête, ce personnage, comme vous l'appelez, n'est autre que Sa Majesté le roi François II.

— Mon fils? s'écria Catherine en bondissant sur son lit.

— Votre fils! oui, madame.

Un coup d'arquebuse éclatant inopinément au milieu de la chambre n'eût pas produit sur le visage de la reine mère une émotion plus violente, une décomposition plus rapide.

Elle passa la main sur ses yeux, comme si l'obscurité de cette chambre, éclairée par une seule lampe, l'empêchait de distinguer les objets; puis, fixant sur M. de Joinville son regard pénétrant, et s'approchant de lui jusqu'à le toucher, elle lui dit à demi-voix, mais avec un accent qui, de railleur, était devenu terrible :

— Je suis bien éveillée, n'est-ce pas, *monsou* de Joinville? J'ai bien entendu; vous venez bien de me dire que le héros de cette aventure était mon fils?

— Oui, madame.

— Vous le répétez.

— Je le répète ?

— Vous l'affirmez ?

— Je le jure.

Et le jeune prince étendit la main.

— Bien, *monsou* de Joinville ! continua Catherine d'un air sombre ; je comprends maintenant votre hésitation, j'aurais même compris votre silence. Oh ! le sang me monte au visage ! Est-ce bien possible ! mon fils ayant une jeune et charmante femme et prenant une maîtresse qui a plus du double de son âge ; mon fils passant à mes ennemis ; mon fils, par le Christ ! c'est impossible ! mon fils, l'amant de madame l'amirale !...

— Madame, dit le prince de Joinville, comment le billet était dans la poche de madame l'amirale, c'est ce que j'ignore. Mais ce que je sais malheureusement, c'est que ce n'était pas madame l'amirale qui se trouvait dans la chambre.

— Comment ! s'écria Catherine, que dites-vous donc, que ce n'est pas madame l'amirale ?

— Non, madame, ce n'est pas elle.

— Mais, si ce n'est pas elle, qui était-ce donc ?

— Madame...

— *Monsou* de Joinville, le nom de cette personne, son nom à l'instant même !

— Que Votre Majesté daigne m'excuser...

— Vous excuser ! et pourquoi cela ?

— Parce que je suis le seul, en vérité, dont on n'ait pas le droit d'exiger une pareille révélation.

— Pas même moi, *monsou* de Joinville ?

— Pas même vous, madame. D'ailleurs, votre curiosité est facile à satisfaire, et la première personne de la cour que vous interrogerez à ma place...

— Mais, pour interroger cette première personne, il me faudra attendre à demain, *monsou* de Joinville. Je veux savoir le nom de cette personne tout de suite, à l'instant même. Qui vous dit que je n'ai point à prendre telle mesure qui ne souffre pas de retard ?

Et les yeux de Catherine flamboyèrent en se fixant sur le jeune homme.

— Madame, dit-il, cherchez dans toute la cour la seule personne que je ne puisse pas vous nommer. Nommez-la... Mais moi, oh ! moi ! c'est impossible !

Et le jeune prince porta ses deux mains à son visage pour cacher moitié sa rougeur de honte, moitié ses larmes de colère.

Une idée traversa l'esprit de Catherine, pareille au flamboiement d'un éclair.

Elle jeta un cri, et, saisissant et écartant du même coup les mains du jeune homme :

— Ah ! mademoiselle de Saint-André ? dit-elle.

Le prince ne répondit pas ; mais ne pas répondre, c'était avouer.

D'ailleurs, il se laissa tomber sur le tabouret placé près du lit.

Catherine le regarda un instant avec une commisération mêlée de dédain.

Puis, d'une voix qu'elle s'efforça de rendre la plus caressante possible :

— Pauvre enfant ! dit-elle, je vous plains de tout mon cœur ; car il paraît que vous aimiez cette perfide. Approchez-vous, donnez-moi votre main, et épanchez vos chagrins dans le cœur de votre bonne mère Catherine. Je comprends maintenant pourquoi vous vous taisiez, et j'ai des remords d'avoir tant insisté. Pardonnez-moi donc, mon fils ; et, maintenant que je connais le mal, cherchons le remède.. Il y a d'autres jeunes filles que mademoiselle de Saint-André en notre cour, et, s'il n'en est pas d'assez noble et d'assez belle pour vous en notre cour de Paris, nous en demanderons à la cour d'Espagne ou à celle d'Italie. Remettez-vous donc, mon cher prince, et causons sérieusement, s'il est possible.

Mais M. de Joinville, au lieu de répondre à ce discours qui avait évidemment un but visible et un but caché, celui de le consoler et celui de sonder son courage, M. de Joinville tomba à genoux devant le lit de la reine mère, et cacha en sanglotant son visage entre les draps.

— Grâce, Votre Majesté! s'écria-t-il en sanglotant, grâce et merci de votre tendre sollicitude... mais je n'ai, à cette heure, de force que pour mesurer ma honte et sentir ma douleur. Je supplie donc Votre Majesté de permettre que je me retire.

La reine mère arrêta sur cet homme, courbé dans sa douleur, un regard de profond dédain.

Puis, sans que sa voix trahît en rien le sentiment qui se peignait dans son regard :

— Allez, mon enfant! dit-elle en tendant au jeune prince sa belle main, que celui-ci baisa vivement, et venez causer avec moi demain au matin. Jusque-là, bonne nuit et que Dieu vous garde !

M. de Joinville accepta vivement le congé qui lui était donné et s'élança hors de la chambre.

Catherine le suivit silencieusement des yeux jusqu'à ce qu'il eût disparu derrière la tapisserie ; puis son regard se fixa sur cette tapisserie jusqu'à ce qu'eût cessé le mouvement qu'avait imprimé au tissu mobile le passage du prince.

Alors elle s'accouda sur son oreiller et d'une voix sourde, le regard illuminé d'un feu sombre :

— A partir d'aujourd'hui, dit-elle, j'ai une rivale, et, à partir de demain, j'ai perdu tout pouvoir sur l'esprit de mon fils, si je n'y mets bon ordre.

Puis, après un instant de silence méditatif, un sourire de triomphe passa sur ses lèvres.

— J'y mettrai bon ordre ! dit-elle.

X

Maintenant, tandis que M. le cardinal de Lorraine se fait mettre au lit par son valet de chambre ; tandis que Robert Stuart rentre chez son ami Patrick ; tandis que M. de Condé rejoint son hôtel, rageant et riant tout à la fois, tandis que madame l'amirale ne se lasse pas de retourner ses poches et de chercher le malencontreux billet qui a causé tout ce scandale ; tandis que le roi interroge la Lanoue pour tâcher de savoir d'elle comment a pu se répandre le bruit de son rendez-vous ; tandis que M. le ma-

réchal de Saint-André se demande à lui-même
s'il doit remercier Dieu ou accuser le hasard de
ce qui lui arrive ; tandis que mademoiselle de
Saint-André rêve qu'elle a autour du cou et des
bras les bijoux de madame d'Étampes et de la
duchesse de Valentinois et sur la tête la couronne de Marie Stuart, voyons ce que font les
jeunes princes de Montpensier et de la Roche-
sur-Yon, auxquels nous nous sommes promis
de revenir.

Les deux beaux et joyeux jeunes gens, témoins
d'un spectacle qu'ils trouvaient charmant,
avaient été forcés de se contenir devant ces trois
graves figures, plus graves encore que d'habitude en ce moment : M. de Guise, M. de Saint-
André et le cardinal de Lorraine. Il y a plus,
prenant un visage de circonstance, ils avaient
très-convenablement fait leurs compliments de
condoléances à M. le cardinal de Lorraine, à
M. le maréchal de Saint-André et à M. de
Guise. Puis, profitant du premier angle de corridor qui leur avait permis de se dérober, ils
étaient restés silencieux et dans l'ombre jusqu'à
ce que chacun se fût éloigné et eût disparu dans
la direction qu'il lui convenait de prendre.

Une fois seuls et bien seuls, le rire contenu à
grand'peine dans leur poitrine en était sorti avec

de tels éclats, que les vitres du Louvre en avaient tremblé comme au passage d'un lourd chariot.

Adossés chacun d'un côté de la muraille, en face l'un de l'autre, les mains sur les côtes, la tête renversée en arrière, ils se tordaient dans de telles convulsions, qu'on les eût pris pour deux épileptiques, ou, comme on disait alors, pour deux possédés.

— Ah! cher duc! dit le prince de la Roche-sur-Yon respirant le premier.

— Ah! cher prince! répondit celui-ci avec effort.

— Et quand on pense... quand on pense qu'il y a des gens... des gens qui prétendent qu'on ne rit plus... qu'on ne rit plus dans ce pauvre Paris!

— Ce sont des gens... des gens mal... malintentionnés.

— Ah!... mon Dieu... que cela fait de bien et de mal à la fois, de rire!

— Avez-vous vu la figure de M. de Joinville?

— Et celle du maréchal de Saint... de Saint-André?

— Je ne regrette qu'une chose, duc, dit le prince de la Roche-sur-Yon en se calmant un peu.

— Et, moi, j'en regrette deux, prince, répondit celui-ci.

— C'est de n'avoir point été à la place du roi, eusse-je été vu de tout Paris !

— Et moi, c'est de n'avoir point été vu de tout Paris étant à la place du roi.

— Oh ! ne regrettez rien, duc, demain, avant midi, tout Paris le saura.

— Si vous êtes de mon humeur, duc, tout Paris le saurait cette nuit même.

— Et de quelle façon ?

— Bien simplement.

— Mais encore...

— Parbleu ! en le criant sur les toits.

— Mais Paris dort en ce moment-ci.

— Paris ne doit pas dormir quand son roi veille.

— Vous avez raison ! Je réponds que Sa Majesté n'a pas encore fermé l'œil.

— Donc, réveillons Paris.

— Oh ! la bonne folie !

— Vous refusez ?

— Mais non ! Puisque je vous dis que c'est une folie, j'y consens naturellement.

— En route, alors !

— Allons ! j'ai peur que toute la ville ne sache déjà une partie de l'histoire.

Et les deux jeunes gens, se précipitant par les degrés, descendirent l'escalier du Louvre comme

Hippomène et Atalante se disputant le prix de la course.

Arrivés dans la cour, ils se firent reconnaître de Dandelot auquel ils se gardèrent bien de rien dire, à cause du rôle que sa belle-sœur avait joué dans tout cela et de peur qu'il ne s'opposât à leur sortie.

Dandelot constata leur identité comme il avait fait de celle du prince de Condé, et leur fit ouvrir la porte.

Les deux jeunes gens, bras dessus, bras dessous, riant dans leurs manteaux, s'élancèrent hors du Louvre, traversèrent le pont-levis et se trouvèrent près de la rivière, où une brise glacée commença de leur fouetter le visage. Alors, sous prétexte de s'échauffer, ils ramassèrent des pierres et les jetèrent dans les carreaux des maisons voisines.

Ils venaient d'éborgner deux ou trois fenêtres et se promettaient de continuer cet agréable divertissement, quand deux hommes enveloppés de leurs manteaux, voyant deux jeunes gens qui couraient, leur barrèrent le passage et leur crièrent de s'arrêter.

Tous deux s'arrêtèrent. Ils couraient, mais ne fuyaient pas.

— Et de quel droit nous ordonnez-vous d'arrêter? s'écria, en marchant sur un des deux hommes, le duc de Montpensier. Passez votre chemin et laissez deux nobles gentilshommes se divertir à leur guise.

— Ah! pardon! monseigneur, je ne vous avais pas reconnu, dit celui des deux hommes à qui s'était adressé M. le duc de Montpensier. Je suis M. de Chavigny, commandant les cent archers de la garde, et je rentrais au Louvre en compagnie de M. de Carvoysin, premier écuyer de Sa Majesté.

— Bonsoir, monsieur de Chavigny! dit le prince de la Roche-sur-Yon allant au commandant des cent archers et lui tendant la main, tandis que le duc de Montpensier répondait avec courtoisie aux hommages du premier écuyer. Vous dites que vous rentriez au Louvre, monsieur de Chavigny?

— Oui, prince.

— Eh bien, nous en sortons, nous.

— A cette heure?

— Remarquez, monsieur de Chavigny, que, si l'heure est bonne pour rentrer, elle doit l'être également pour sortir.

— Croyez bien, prince, que, du moment où c'est vous, je n'ai pas l'indiscrétion de vous questionner.

— Et vous avez tort, mon cher monsieur ; car nous aurions des choses fort intéressantes à vous dire.

— A propos du service du roi ? demanda M. de Carvoysin.

— Justement, à propos du service du roi. Vous avez découvert la chose, monsieur le grand écuyer, dit en éclatant de rire le prince de la Roche-sur-Yon.

— Vraiment ? demanda M. de Chavigny.

— Sur l'honneur !

— De quoi s'agit-il, messieurs ?

— Il s'agit du grand honneur dont Sa Majesté vient de combler, il n'y a qu'un instant, un de ses plus illustres capitaines, dit le prince de la Roche-sur-Yon.

— Et mon frère de Joinville, dit le duc de Montpensier, en véritable écolier qu'il était.

— De quel honneur parlez-vous, prince ?

— Quel est cet illustre capitaine, duc ?

— Messieurs, c'est le maréchal de Saint-André !

— Et quels honneurs Sa Majesté peut-elle encore ajouter à ceux dont elle a déjà surchargé M. de Saint-André : maréchal de France, premier gentilhomme de la chambre, grand-cordon de Saint-Michel, chevalier de la Jarretière ?

Il y a en vérité, des gens bien heureux!...

— C'est selon !

— Comment ! c'est selon !

— Sans doute, c'est un bonheur qui ne vous irait peut-être pas, à vous, monsieur de Chavigny, qui avez une jeune et jolie femme; ni à vous, monsieur de Carvoysin, qui avez une jeune et jolie fille...

— En vérité? s'écria M. de Chavigny, qui commençait à comprendre.

— Vous y êtes, mon cher, dit le prince de la Roche-sur-Yon.

— Mais êtes-vous bien sûr de ce que vous dites? demanda M. de Chavigny.

— Parbleu !

— C'est grave, ce que vous dites là, mon prince! reprit M. de Carvoysin.

— Vous trouvez? Moi, je trouve cela au contraire terriblement comique.

— Mais qui vous a dit?...

— Qui nous a dit? Personne. Nous avons vu !

— Où ?

— J'ai vu, et avec moi ont vu M. de la Roche-sur-Yon, M. de Saint-André, mon frère Join-ville, lequel même, par parenthèse, a dû voir mieux que les autres, puisqu'il tenait un candélabre... A combien de branches, prince?

— A cinq branches! dit le prince de la Roche-sur-Yon en se reprenant à rire de plus belle.

— L'alliance de Sa Majesté avec le maréchal n'est donc plus douteuse, reprit gravement le duc de Montpensier, et, à partir de ce moment, les hérétiques n'ont qu'à se bien tenir. C'est de quoi nous allons entretenir les vrais catholiques de Paris.

— Est-ce possible? s'écrièrent en même temps M. de Chavigny et M. de Carvoysin.

— C'est comme j'ai l'honneur de vous le dire, messieurs, répondit le prince. La nouvelle est toute fraîche et n'a pas encore une heure; de sorte que nous croyons vous donner une véritable preuve d'affection en vous la communiquant. Bien entendu que c'est à la condition que vous la ferez circuler et que vous en ferez part à tous ceux qui vous tomberont sous la main.

— Et, comme à cette heure il tombe peu d'amis sous la main, à moins d'un bonheur comme celui qui nous a permis de vous rencontrer, nous vous invitons à faire comme nous, à vous faire ouvrir les portes fermées, à faire lever vos amis couchés et à leur dire, en leur recommandant le secret comme a fait aux roseaux le barbier du roi Midas: « Le roi François II est l'amant de mademoiselle de Saint-André. »

— Ah ! par ma foi ! messieurs, dit le grand écuyer, il sera fait comme vous le dites. Je ne puis souffrir le maréchal de Saint-André, et je sais près d'ici un de mes amis à qui la nouvelle fera tant de plaisir, que je n'hésiterai pas, en vous quittant, à aller l'éveiller, fût-il dans son premier sommeil.

— Et vous, mon cher monsieur de Chavigny, dit le prince de la Roche-sur-Yon, comme je sais que vous ne portez pas dans votre cœur M. de Joinville, je suis sûr que vous allez suivre l'exemple de M. de Carvoysin.

— Ah ! par ma foi, oui ! s'écria M. de Chavigny : au lieu de rentrer au Louvre, je rentre chez moi, et je raconte la chose à ma femme. Demain, avant neuf heures du matin, quatre de ses amies la sauront, et je vous promets que c'est comme si vous envoyiez quatre trompettes vers les quatre points cardi-naux.

Sur quoi, les quatre seigneurs s'étant salués, les deux jeunes gens se dirigèrent, par le bord de la rivière, vers la rue de la Monnaie, tandis qu'au lieu de rentrer au Louvre, MM. de Chavi-gny et de Carvoysin répandaient consciencieusement, chacun de son côté, la nouvelle du jour ou plutôt de la nuit.

Arrivé à la rue de la Monnaie, le prince de la Roche-sur-Yon aperçut au-dessus d'une ensei-gne, grinçant au vent, une fenêtre éclairée.

— Tiens, dit le duc, miracle! voilà une vitre bourgeoise qui flamboie à trois heures et demie du matin. C'est un bourgeois qui se marie ou un poëte qui fait des vers.

— Il y a du vrai dans ce que vous dites, mon cher, et j'avais oublié que j'étais invité à la noce. Ma foi, je voudrais pouvoir vous montrer la mariée de maître Balthazar. Vous verriez que, quoique la fille ne soit pas la fille d'un maréchal de France, ce n'est pas moins une belle fille ; mais, à défaut de la femme, je vais vous montrer le mari.

— Ah! cher prince, il ne serait pas charita-ble de faire mettre le pauvre homme à la fenêtre dans un pareil moment.

— Bon! dit le prince, c'est le seul homme qui n'ait rien à craindre de ce côté-là.

— Et pourquoi?

— Parce qu'il est toujours enrhumé. Il y a dix ans que je le connais, et je n'ai pas encore pu tirer de lui un *bonjour, mon prince,* clair et net.

— Voyons l'homme alors.

— D'autant plus qu'il est baigneur en même temps qu'hôtelier, qu'il a des étuves sur la Seine et que, demain, en frottant ses gens, il leur dira l'histoire que nous allons lui conter.

— Bravo !

Nos deux jeunes gens, de même que deux écoliers qui, se rendant au bord de la rivière, emplissent leurs poches de cailloux pour faire des ricochets sur l'eau, les deux jeunes gens, forcés de quitter la berge, avaient rempli leurs poches de petites pierres dont ils comptaient se servir comme de catapultes à l'endroit des maisons qu'ils espéraient assiéger.

Le prince tira un des cailloux de sa poche, et, faisant deux pas en arrière pour prendre son élan, comme nous avons vu faire à Robert Stuart, mais dans un plus sinistre dessein, il lança la pierre dans les vitres de la fenêtre éclairée.

La fenêtre s'ouvrit avec tant de promptitude, que l'on eût cru que c'était le caillou qui l'ouvrait.

Un homme en bonnet de nuit apparut, une chandelle à la main, et essaya de s'écrier :

— Brigands !

— Que dit-il ? demanda le duc.

— Vous voyez bien, il faut être habitué à lui pour comprendre ce qu'il dit. Il nous appelle brigands.

Puis, se retournant vers la fenêtre :

— Ne vous échauffez pas, Balthazar, c'est moi ! dit le prince.

— Vous... Votre Altesse ?... Que Votre Altesse m'excuse !... Elle a bien le droit, s'il lui plaît, de casser mes carreaux.

— Ah ! bon Dieu, s'écria le duc en riant à gorge déployée, quelle langue parle donc votre bonhomme, prince ?

— Les gens qui s'y connaissent disent que c'est un jargon qui tient le milieu entre l'iroquois et le hottentot. Il ne vient pas moins, dans cette espèce de grognement, de nous dire une chose fort honnête.

— Laquelle ?

— C'est que nous avions le droit de casser ses carreaux.

— Ah ! pardieu ! cela mérite un remercîment.

Alors, s'adressant à Balthazar :

— Mon ami, lui dit-il, le bruit s'est répandu à la cour que vous aviez pris femme ce soir et que votre femme était jolie. Or, nous sommes sortis du Louvre tout exprès pour vous faire notre compliment.

— Et pour vous dire, mon cher Balthazar, que le ciel est au froid et que c'est un bon temps pour les biens de la terre.

— Tandis qu'au contraire le cœur de Sa Majesté est au chaud, ce qui fera du bien au maréchal de Saint-André.

— Je ne comprends pas.

— N'importe! répétez la chose comme nous vous la disons, mon cher Balthazar. D'autres la comprendront, et sauront ce que cela veut dire. Nos compliments à madame.

Et les jeunes gens remontèrent la rue de la Monnaie en éclatant de rire et en écoutant grommeler et tousser l'hôte de la *Vache Noire*, qui pouvait bien refermer sa fenêtre, mais qui ne pouvait pas reboucher son carreau.

XI

Les deux jeunes gens, en riant toujours, remontèrent la rue de la Monnaie et arrivèrent à
la rue de Béthisy.

En tournant l'angle, il leur sembla entendre,
du côté de l'hôtel Coligny, un grand cliquetis
d'épées et un bruit de voix formidable.

La scène qui provoquait ce cliquetis d'épées
et ce bruit de voix se passait dans l'obscurité à
vingt ou trente pas d'eux.

Ils se blottirent sous le porche d'une maison

qui faisait l'angle de la rue de la Monnaie et de la rue de Béthisy.

— Ah ! ah ! disait une voix ferme et pleine de menace, vous êtes des voleurs, à ce qu'il paraît ?

— Parbleu ! répondit une voix impudente, à cette heure de nuit, il ferait bon de rencontrer d'honnêtes gens dans la rue !

— Des brigands ! disait une voix moins assu-rée que la première.

— Quel est le voleur qui n'est pas un peu brigand et le brigand qui n'est pas un peu vo-leur ? répondit la seconde voix, qui paraissait être celle d'un philosophe.

—Alors, vous voulez nous assassiner ?

—Pas le moins du monde, Votre Seigneurie !

—Que voulez-vous, alors ?

—Vous débarrasser de votre bourse, voilà tout.

—Je vous déclare, dit la voix, qu'il n'y a pas grand'chose dans ma bourse ; mais, telle qu'elle est, vous ne regarderez pas dedans.

— Vous avez tort de vous entêter, monsieur !

— Allons, allons, place !... ou je frappe.

— Monsieur, nous vous faisons observer que vous êtes deux contre onze, encore votre com-pagnon ne semble-t-il que votre laquais. Toute résistance serait donc une folie.

— Place ! cria la voix devenant de plus en plus menaçante.

— Vous paraissez étranger à cette bonne ville de Paris, monsieur, dit la voix qui paraissait celle du chef de la bande, et peut-être n'êtes-vous si tenace que parce que vous craignez de demeurer sans gîte étant sans argent ; mais nous sommes des voleurs civilisés, monsieur, des *tire-soie* et non des *tire-laine*, et nous savons ce qu'il est dû d'égards à un homme comme vous. Donnez-nous gentiment votre bourse, monsieur, et nous vous rendrons un écu pour ne pas vous laisser sans gîte, à moins que vous n'aimiez mieux l'adresse d'un honnête hôtel où, sur recommandation, vous serez parfaitement reçu. Un homme comme vous ne saurait manquer d'amis dans Paris, et, demain, ou plutôt aujourd'hui, — car je ne voudrais pas vous induire en erreur, il est près de quatre heures du matin, — aujourd'hui vous ferez un appel à vos amis, qui certes ne vous laisseront point dans l'embarras.

— Place ! répéta la même voix : vous pourrez avoir ma vie, attendu que nous sommes deux contre onze ; mais quant à ma bourse, vous ne l'aurez pas.

— Ce que vous dites là n'est pas logique,

monsieur, reprit celui qui paraissait chargé de porter la parole au nom de la bande; car, une fois que nous aurons votre vie, nous serons les maîtres de prendre votre bourse.

— Arrière, canailles ! et prenez gardé ! nous avons pour nous deux bonnes épées et deux bonnes dagues.

— Et de plus le bon droit, messieurs. Mais qu'est-ce que le bon droit quand le mauvais est le plus fort ?

— En attendant, dit le gentilhomme qui paraissait le moins endurant des deux, parez celle-ci.

Et il allongea une effroyable botte au chef de la bande, qui, par bonheur, habitué sans doute à ces sortes de boutades, se tenait sur ses gardes et fit si adroitement et si à point un saut en arrière, que son pourpoint seul fut percé.

Alors commencèrent ce cliquetis d'épées et ces cris qu'avaient entendus le prince de la Roche-sur-Yon et le duc de Montpensier.

Tout en frappant, l'un des deux hommes attaqués criait à l'aide. Mais, comme si l'autre eût compris qu'il était inutile de demander du secours ou qu'il eût dédaigné d'en appeler, il frappait en silence, et, à un ou deux blasphèmes poussés par ses adversaires, on pouvait comprendre qu'il ne frappait pas dans le vide.

Quand nous avons dit que le gentilhomme silencieux avait compris qu'il était inutile de demander du secours, nous avons espéré que le lecteur comprendrait notre pensée.

Il était inutile de demander du secours aux hommes chargés d'en porter en pareil cas, c'est-à-dire aux agents de M. de Mouchy, grand inquisiteur de la loi en France. Ces agents, qu'on appelait les *mouchis* ou même les mouchards, couraient la ville le jour et la nuit, avec mission d'arrêter, il est vrai, tous ceux qui leur paraissaient suspects.

Mais ne paraissaient point suspectes à MM. les mouchis ou les mouchards, comme on voudra les appeler, les bandes de malfaiteurs qui infestaient Paris, et plus d'une fois même, quand la circonstance avait paru opportune et que la dépouille promettait d'être opime, les agents de M. de Mouchy avaient prêté aide aux suspects, soit que les suspects appartinssent à la société des *tire-soie*, ou voleurs gentilshommes, qui n'attaquaient jamais que les gens de qualité, soit qu'ils appartinssent à la classe de *tire-laine*, pauvres hères, voleurs de la dernière classe, et qui se contentaient de détrousser les bourgeois.

Outre les deux grandes catégories que nous

venons d'indiquer, il y avait encore la compagnie des *mauvais garçons*, société de bravi enrégimentés et divisés en sections, se louant pour assassiner, disons-nous, à tous ceux qui les honoraient de leur confiance. Et constatons-le en passant, comme le nombre de ceux qui, dans ces temps d'amour et de haine, avaient à se débarrasser de quelqu'un était grand, la besogne ne chômait point.

Ceux-là non plus ne paraissaient point suspects aux agents de M. de Mouchy. On savait qu'en général ils travaillaient pour de nobles et riches seigneurs, voire même pour des princes, et on n'eût eu garde de les déranger dans l'exercice de leurs fonctions.

Restaient encore les *guilleris*, les *plumets* et les *grisons*, qui correspondaient à nos *coupeurs de bourses*, à *nos voleurs à la tire* et à nos *barboteurs*. Mais ceux-là, c'étaient de tels faquins, que, parussent-ils suspects aux agents de M. de Mouchy, les agents de M. de Mouchy n'eussent point daigné se commettre avec eux.

Aussi était-il fort rare qu'un gentilhomme se hasardât la nuit dans les rues de Paris autrement que bien armé, et surtout accompagné d'un certain nombre de serviteurs.

C'était donc une grande imprudence à nos

jeunes gens d'être sortis à une pareille heure, sans suite aucune, et il ne fallait pas moins qu'une affaire de l'importance de celle qui les poussait dehors pour que nous leur pardonnions une pareille insouciance d'eux-mêmes.

Voilà pourquoi le chef des *tire-soie* avait reconnu, en attaquant l'homme à la voix menaçante, que celui-ci devait être un gentilhomme de province.

D'après ce que nous avons dit des mœurs des agents de M. de Mouchy, on ne sera point étonné de n'en voir arriver aucun aux cris du valet. Mais ces cris avaient été entendus, à ce qu'il paraît, d'un jeune homme qui sortait de l'hôtel Coligny. Comprenant de quoi il était question, il avait roulé son manteau autour de son bras gauche, avait tiré son épée de la main droite et s'était élancé en criant :

— Tenez ferme, monsieur ! Vous criez à l'aide, en voici !

— Ce n'est pas moi qui crie à l'aide, répondit le gentilhomme tout en espadonnant avec rage ; c'est ce braillard de la Briche, qui se croit en droit, pour cinq ou six misérables assassins, de déranger un gentilhomme et de réveiller un quartier.

— Nous ne sommes point des assassins,

monsieur, répondit le chef de la bande, et vous pouvez le voir à la courtoisie avec laquelle nous vous attaquons. Nous sommes des *tire-soie*, nous vous l'avons déjà dit, des voleurs de bonne famille, ayant tous pignon sur rue, et nous ne détroussons que des gentilshommes. Au lieu d'appeler à votre aide un tiers qui va envenimer l'affaire, vous feriez bien mieux de vous rendre de bonne grâce et de ne point nous forcer à en venir à des moyens violents qui nous répugnent au delà de toute expression.

— Vous n'aurez pas une pistole ! répondit le gentilhomme attaqué.

— Ah ! bandits ! ah ! canailles ! ah ! misérables ! cria en se jetant dans la mêlée le gentilhomme qui sortait de chez l'amiral.

Et l'un des *tire-soie* poussa un cri qui prouvait que le nouveau venu avait joint le geste à la menace.

— Allons ! dit le chef de la bande, puisque vous vous entêtez, je vois bien qu'il faut en finir.

Et, dans l'ombre, le groupe informe devint plus animé, les cris sortirent plus aigus des bouches et des blessures, les étincelles jaillirent plus nombreuses des dagues et des poignards.

La Briche, tout en frappant de son mieux,

continuait de crier à l'aide. C'était un système chez lui, et il pouvait soutenir qu'il était bon, puisqu'il avait déjà réussi une fois.

Ses cris eurent le résultat qu'ils devaient avoir, la mise en scène de nos personnages une fois donnée.

— Nous ne pouvons pas cependant laisser de sang-froid assassiner ces trois hommes, dit le prince de la Roche-sur-Yon en mettant l'épée à la main.

— C'est vrai, prince, dit le duc de Montpensier, et, en vérité, j'ai honte d'avoir tant tardé.

Et les deux jeunes gens, répondant aux appels de la Briche, — comme, un instant auparavant, venait de le faire le gentilhomme sorti de l'hôtel Coligny, — s'élancèrent vers le lieu du combat en criant à leur tour :

— Tenez ferme, messieurs ! nous voilà ! A mort ! à mort !

Les *tire-soie*, forcés de faire face à trois hommes, ayant déjà perdu deux des leurs et voyant arriver ce nouveau renfort qui s'apprêtait à charger leurs derrières, résolurent de tenter un dernier effort, quoiqu'ils ne fussent plus que neuf contre cinq.

Le chef resta pour faire face avec cinq hommes

aux trois premiers attaqués, tandis que quatre bandits firent volte-face pour recevoir MM. de Montpensier et de la Roche-sur-Yon.

— A mort donc, mes gentilshommes! puisque vous le voulez absolument! cria le chef.

— A mort! répéta toute la troupe.

— Oui-da! comme vous y allez, mes compagnons! A mort? dit le gentilhomme sorti de l'hôtel Coligny. Eh bien, oui, à mort! tenez...

Et, se fendant autant que le lui permettait sa petite taille, il passa son épée au travers du corps d'un des assaillants.

Le blessé poussa un cri, fit trois pas en arrière et tomba roide mort sur le pavé.

— Un joli coup, monsieur! dit le gentilhomme arrêté le premier. Mais je crois que je vais vous offrir son pareil. Tenez...

Et, se fendant à son tour, il enfonça jusqu'à la coquille son épée dans le ventre d'un bandit.

Presque en même temps, le poignard du duc de Montpensier disparaissait jusqu'à la garde dans la gorge d'un de ses adversaires.

Les bandits n'étaient plus que six contre cinq, c'est-à-dire qu'ils commençaient à être les plus faibles, quand, tout à coup, la porte de l'hôtel Coligny s'ouvrit toute grande, et l'amiral, suivi de deux porteurs de torche et de quatre laquais armés, parut sous la voûte éclairée, vêtu d'une robe de chambre et tenant son épée nue à la main.

— Holà, maroufles ! dit-il, qu'est-ce que cela ? Que l'on me débarrasse la rue et vitement, ou sinon je vous cloue tous tant que vous êtes, comme des corbeaux, à la grande porte de mon hôtel.

Puis, se tournant vers les laquais :

— Allons, enfants, sus ! sus à ces drôles ! dit-il.

Et, donnant l'exemple, il s'élança vers le champ de bataille.

Pour le coup, il n'y avait plus moyen de tenir.

— Sauve qui peut ! cria le chef en parant, mais un peu tard, un coup d'épée qui eut encore la force de lui traverser le bras. Sauve qui peut ! c'est le prince de Condé !

Et, faisant un rapide mouvement à gauche, il s'esquiva à toutes jambes.

Par malheur, cinq de ses compagnons ne purent profiter de ce charitable avertissement. Quatre étaient couchés à terre, et le cinquième était forcé de se tenir adossé au mur pour ne pas tomber.

Celui qui était adossé au mur était là du fait du prince de la Roche-sur-Yon, de sorte que chacun avait fait son devoir.

Du côté des gentilshommes, il n'y avait que des égratignures ou des blessures sans gravité.

Le gentilhomme attaqué le premier, apprenant à son grand étonnement que celui qui était venu d'abord à son secours n'était autre que le prince de Condé, se tourna de son côté, et, s'inclinant respectueusement :

— Monseigneur, lui dit-il, j'ai à remercier deux fois la Providence : la première fois pour avoir été sauvé par elle, la seconde pour avoir choisi comme instrument de mon salut, n'en déplaise à ces nobles seigneurs, le plus brave gentilhomme de France.

— Par ma foi ! monsieur, dit le prince, je suis heureux que le hasard m'ait conduit à cette heure de nuit chez mon cousin l'amiral ; ce qui m'a mis à même de vous être utile. Maintenant, vous me remerciez en si bons termes du peu que j'ai fait pour vous, que je vous serai obligé de me dire votre nom.

— Monseigneur ! je me nomme Godefroid de Barri.

— Ah ! interrompit Condé, baron de Périgord, seigneur de la Renaudie ?

— Un de mes bons amis, dit l'amiral tendant une main à la Renaudie et l'autre au prince de Condé. Mais je ne me trompe pas, continua l'amiral, — et il y a longtemps que le pavé du roi n'a vu réunie si belle et si bonne compagnie, — monsieur le duc de Montpensier et monsieur le prince de la Roche-sur-Yon...

— En personne, monsieur l'amiral! dit le prince de la Roche-sur-Yon, tandis que la Renaudie se tournait vers lui et son compagnon, les saluant tous les deux ; et, s'il peut être agréable à ces pauvres diables de savoir que ceux qui leur ont donné leurs passes pour l'enfer ne sont point précisément des manants, qu'ils meurent tranquilles et avec satisfaction !

— Messieurs, dit l'amiral, la porte de l'hôtel de Coligny est ouverte. C'est vous dire que, si vous voulez me faire l'honneur de monter chez moi et d'y prendre quelques rafraîchissements, vous y serez les bienvenus.

— Merci, mon cousin ! dit M. de Condé. Vous savez que je vous quittais, il y a dix minutes, avec l'intention de rentrer chez moi. Je ne me doutais pas que j'aurais le plaisir de rencontrer à votre porte un gentilhomme dont vous m'aviez promis la connaissance.

Et il salua courtoisement la Renaudie.

— Un brave gentilhomme que j'ai vu à l'œuvre, mon cousin, et qui, ma foi! s'en tire à merveille, continua le prince. Y a-t-il longtemps que vous êtes à Paris, monsieur de Barri?

— J'arrive, monseigneur, répondit la Renaudie avec un accent profondément mélancolique et en jetant un dernier coup d'œil sur le malheureux qu'il avait, de son dernier coup d'épée, étendu mourant sur le carreau, et je ne m'attendais pas, ajouta-t-il, à causer la mort d'un homme et à devoir la vie à un grand prince avant qu'une demi-heure se fût écoulée depuis que j'ai franchi les barrières.

— Monsieur le baron, dit le prince de Condé en tendant, avec son élégance et sa courtoisie accoutumées, la main au jeune homme, — croyez que j'aurai le plus grand plaisir à vous revoir. Les amis de M. l'amiral sont les amis du prince de Condé.

— Bien, mon cher prince! dit Coligny avec un accent qui signifiait: « Ce n'est point une vaine promesse que vous nous faites, et nous reviendrons là-dessus. »

Puis, se retournant vers les jeunes gens:

— Et vous, messeigneurs, demanda-t-il, me ferez-vous l'honneur d'entrer dans ma maison? Avant que je fusse devenu l'ennemi de votre père, monsieur de Montpensier, ou plutôt qu'il fût devenu le mien, nous étions de bons et joyeux compagnons. J'espère, ajouta-t-il avec un soupir, que ce sont les temps qui sont changés, et non les cœurs !

— Merci, monsieur l'amiral, dit le duc de Montpensier répondant pour lui et pour le prince de la Roche-sur-Yon , — car c'était à lui particulièrement que les paroles de Coligny avaient été adressées : — ce serait avec un grand bonheur que nous accepterions votre hospitalité, ne fût-elle que d'un instant ; mais il y a loin d'ici à l'hôtel de Condé : il faut franchir les ponts, traverser de mauvais quartiers, et nous allons demander au prince la faveur de lui faire escorte.

— Allez, messieurs, et que Dieu vous garde ! Au reste, je ne conseillerais pas à tous les *tire-soie* et les *tire-laine* de Paris de s'attaquer à trois vaillants comme vous.

Toute cette conversation avait eu lieu sur la place même du combat, et les vainqueurs la tenaient les pieds dans le sang et sans qu'aucun d'eux, excepté la Renaudie, homme qui semblait d'une autre époque, donnât un regard aux cinq malheureux dont trois n'étaient déjà plus que des cadavres, mais dont deux râlaient encore.

Le prince de Condé, le prince de la Roche-sur-Yon et le duc de Montpensier, saluèrent l'amiral et la Renaudie, et remontèrent du côté du pont aux Moulins, un édit défendant aux passeurs de mettre leurs bacs en mouvement passé neuf heures du soir.

Resté seul avec la Renaudie, l'amiral lui tendit la main.

— Vous veniez chez moi, n'est-ce pas, mon ami? lui dit-il.

— Oui! j'arrive de Genève et j'ai les nouvelles les plus importantes à vous donner.

— Entrez! A toute heure du jour et de la nuit, ma maison est la vôtre.

Et il lui montra la porte de l'hôtel ouverte et attendant l'hôte qui devait lui venir sous la garde du Seigneur, puisque le Seigneur venait de le sauver si miraculeusement.

Pendant ce temps, les deux jeunes gens qui avaient, comme on le pense bien, accompagné le prince, non pas pour lui faire escorte, mais pour lui raconter l'aventure du roi et de mademoiselle de Saint-André, lui narraient, sans omettre aucun détail, cet événement que lui-même, avec des détails bien autrement précis, venait de raconter à l'amiral.

La nouvelle avait été toute fraîche pour M. de

Coligny. Madame l'amirale était rentrée et s'était renfermée dans sa 'chambre sans dire un mot, non-seulement de cet événement qu'elle ne pouvait prévoir, mais aussi de la perte du billet, cause première de tout ce grabuge ; de sorte que, si bien instruit que M. de Condé fût de tout le reste, il ignorait encore, tant il est vrai qu'il nous reste toujours quelque chose à apprendre, de quelle façon et sur quel indice toute la cour, M. de Saint-André et M. de Joinville en tête, avait fait irruption dans la salle des Métamorphoses.

C'était un secret que pouvaient lui apprendre les deux jeunes princes.

Ils lui racontèrent donc, en alternant comme les bergers de Virgile, comment l'amirale avait tant ri, qu'elle en avait pleuré : comment, pleurant encore plus qu'elle ne riait, elle avait tiré son mouchoir de sa poche pour s'essuyer les yeux ; comment, en tirant son mouchoir de sa poche, elle en avait en même temps tiré un billet qui était tombé à terre ; comment M. de Joinville avait ramassé ce billet ; comment, après le départ de madame l'amirale, le jeune prince avait communiqué ce billet à la reine mère ; comment la reine mère, croyant que ledit billet était personnel à sa bonne amie l'amirale, avait poussé à la surprise ; comment la surprise, arrêtée à l'unanimité des voix, avait été exécutée, et comment, en fin de compte, la surprise était retombée sur ceux qui avaient cru surprendre.

A la fin du récit, on était arrivé à la porte de l'hôtel de Condé. Le prince, à son tour, fit aux deux jeunes gens l'offre que l'amiral leur avait faite à tous, mais ils refusèrent ; seulement, ils avouèrent au prince la véritable cause de leur refus. Ils avaient perdu un temps précieux avec cette estocade de M. de la Renaudie, et ils avaient encore bien des amis à qui faire le récit qu'ils venaient de faire à M. de Condé.

— Ce qui me réjouit le plus dans cette aventure, dit le prince de la Roche-sur-Yonen serrant une dernière fois la main de M. de Condé, c'est la figure que va faire l'amoureux de mademoiselle de Saint-André en apprenant cette nouvelle.

— Comment ! l'amoureux ? dit le prince de Condé en retenant la main de M. de la Roche-sur-Yon, qu'il était sur le point de lâcher.

— Comment ! vous ne savez pas cela ? dit le jeune homme.

— Je ne sais rien, moi, messieurs, reprit le prince en riant. Dites ! dites !

— Ah ! bravo ! s'écria le duc de Montpensier ; car c'est le plus joli de l'histoire.

— Vous ne saviez pas, reprit le prince de la Roche-sur-Yon, qu'outre un fiancé et un amant, mademoiselle de Saint-André avait encore un amoureux ?

— Et cet amoureux, demanda le prince, quel est-il ?

— Ah ! par ma foi ! vous m'en demandez trop cette fois : je ne sais pas son nom.

— Est-il jeune ? est-il vieux ? demanda le prince.

— On ne voit pas son visage.

— Vraiment ?

— Non ! il est toujours enveloppé d'un grand manteau qui lui cache tout le bas de la figure.

— C'est quelque Espagnol de la cour du roi Philippe II, dit le duc de Montpensier.

— Et où apparaît-il, cet amoureux ou plutôt cette ombre ?

— Si vous étiez moins rare au Louvre, mon cher prince, vous ne feriez pas une pareille question, dit le duc de Montpensier.

— Pourquoi cela ?

— Parce que voilà tantôt six mois que, la nuit venue, il se promène sous les fenêtres de la belle.

— Bah!

— C'est comme je vous le dis.

— Et vous ne savez pas le nom de cet homme ?

— Non.

— Vous n'avez pas vu son visage ?

— Jamais.

— Vous ne l'avez pas reconnu à sa tournure ?

— Il est toujours enveloppé d'un immense manteau.

— Et vous ne vous doutez pas qui il est, prince ?

— Nullement.

— Pas le moindre soupçon, duc ?

— Pas le moindre.

— On a cependant bien fait quelque conjecture ?

— Une entre autres, dit le prince de la Roche-sur-Yon.

— Laquelle ?

— On a dit que c'était vous, continua le duc de Montpensier.

— J'ai tant d'ennemis au Louvre !

— Mais il n'en était rien, n'est-ce pas ?

— Je vous demande pardon, messieurs, c'était moi !

Et le prince, saluant cavalièrement de la main

les deux jeunes gens, rentra dans son hôtel, dont il referma la porte derrière lui, et laissa M. de Montpensier et M. de la Roche-sur-Yon stupéfaits au milieu de la rue.

XII

La reine mère n'avait pas fermé l'œil, de la nuit.

Jusque-là, son fils, enfant faible, maladif, à peine pubère, marié à une jeune reine coquette, ne s'occupant que d'amour, de chasse et de poésie, lui avait laissé, à elle et aux Guises, le complet maniement des affaires, ce que les rois appellent le fardeau de l'État et ce que cependant ils sont si jaloux de conserver.

Pour Catherine, élevée au milieu des intrigues de la politique italienne, — politique mesquine et tracassière propre à un petit duché comme la Toscane, mais indigne d'un grand royaume comme la France commençait à l'être, la puissance, c'était la vie.

Or, que voyait-elle poindre à l'horizon opposé au sien ?

Une rivale... non pas à l'amour de son fils : à l'amour de son fils, elle s'en fut consolée : qui n'aime point n'a pas le droit d'exiger qu'on l'aime; et elle n'aimait ni François II, ni Charles IX.

Elle s'était donc effrayée, la prévoyante Florentine, en voyant à son fils un sentiment qui lui était inconnu, qui ne lui était pas inspiré par elle, qui s'était développé sans elle et qui éclatait tout à coup au milieu de la cour, la surprenant, elle, en même temps et, par conséquent, encore plus qu'il ne surprenait les autres.

Et elle s'effrayait surtout, connaissant celle à qui son fils s'était adressé ; car, à travers les seize ans de la jeune fille, elle avait vu resplendir en fulgurants éclairs l'ambition de la femme.

Dès qu'il fit jour, elle fit donc dire à son fils qu'elle était souffrante et qu'elle le priait de passer chez elle.

Chez elle, Catherine était, comme un habile acteur sur son théâtre, libre de choisir sa place et de commander la scène. Elle se plaçait dans l'ombre, où elle restait à demi invisible; elle plaçait son interlocuteur dans la lumière, où elle pouvait tout voir.

Voilà pourquoi, au lieu d'aller trouver son fils, elle se feignait souffrante et lui faisait dire de la venir trouver.

Le messager revint en disant que le roi dormait encore.

Catherine attendit impatiemment une heure encore et envoya de nouveau.

Même réponse.

Elle attendit avec une impatience croissante pendant une autre heure.

Le roi dormait toujours.

— Oh! oh! murmura Catherine, les fils de France n'ont pas l'habitude de dormir si tard. Voilà un sommeil trop obstiné pour être naturel.

Et elle descendit de son lit où elle avait attendu, espérant pouvoir jouer la scène qu'elle avait méditée à demi cachée par les courtines, et donna l'ordre qu'on l'habillât.

Le théâtre changeait. Tout ce qui aurait servi Catherine chez elle lui faisait défaut chez son fils. Mais elle s'estimait comédienne assez habile pour que ce changement de scène n'influât en rien sur le dénoûment.

Sa toilette fut rapide, et, dès qu'elle l'eut

achevée, elle se dirigea en toute hâte vers l'appartement de François II.

Elle entrait à toute heure chez le roi comme une mère entre chez son fils. Aucun des valets ou des officiers stationnant dans les antichambres n'eût songé à l'arrêter.

Elle franchit donc la première salle qui conduisait à l'appartement du roi, et, soulevant la portière de la chambre à coucher, elle l'aperçut non pas couché, non pas endormi dans son lit, mais assis devant une table, en face de l'embrasure d'une fenêtre.

Le coude appuyé sur cette table et le dos tourné à la porte, il regardait un objet avec tant d'attention, qu'il n'entendit pas la portière se lever devant sa mère et retomber derrière elle.

Catherine s'arrêta debout à la porte. Son œil, qui s'était d'abord égaré sur le lit, se fixa sur François II.

Son regard lança un éclair où il y avait certes plus de haine que d'amour.

Puis elle s'avança lentement, et, sans plus de bruit que si elle eût été une ombre au lieu d'être un corps, elle s'appuya au dossier du fauteuil et regarda par-dessus l'épaule de son fils.

Le roi ne l'avait pas entendue venir ; il était

en extase devant un portrait de mademoiselle de Saint-André.

L'expression du visage de Catherine se raffermit et passa par une rapide contraction musculaire à la haine la plus accusée.

Puis, par une puissante réaction sur elle-même, tous les muscles de son visage se détendirent, le sourire revint sur ses lèvres, et elle pencha la tête presque au point de toucher celle du roi

François frissonna de terreur en sentant le vent tiède d'une haleine courir dans ses cheveux.

Il se retourna vivement et reconnut sa mère.

Par un mouvement rapide comme la pensée, il fit volter le portrait, qu'il plaça sur la table du côté de la peinture, posant sa main sur ce portrait.

Puis, au lieu de se lever et d'embrasser sa mère comme il en avait l'habitude, il fit rouler le fauteuil et s'écarta de Catherine.

Puis il la salua avec froideur.

— Eh bien, mon fils, demanda la Florentine sans paraître remarquer le peu d'affection du salut, que se passe-t-il donc ?

— Vous me demandez ce qui se passe ?

— Oui.

— Mais rien que je sache, ma mère !

— Je vous demande pardon, mon fils. Il doit se passer quelque chose d'extraordinaire.

— Et pourquoi cela ?

— Parce que ce n'est pas votre habitude de rester couché jusqu'à cette heure. Il est vrai que l'on m'a peut-être trompée ou que mon messager a mal entendu.

François resta silencieux, regardant sa mère presque aussi fixement qu'elle le regardait.

— J'ai, continua Catherine, envoyé quatre fois chez vous depuis ce matin. On m'a répondu que vous dormiez.

Elle fit une pause ; mais le roi continua de se taire, la regardant toujours comme pour lui dire : « Eh bien, après ? »

— De sorte, continua Catherine, qu'inquiète de ce sommeil persistant, j'ai craint que vous ne fussiez malade, et je suis venue.

— Je vous remercie, madame, dit le jeune prince en s'inclinant.

— Il ne faut jamais m'inquiéter ainsi, François, insista la Florentine. Vous savez combien je vous aime, combien votre santé m'est précieuse ! Ne jouez donc plus avec les inquiétudes de votre mère. Assez de chagrins m'assiégent au dehors sans que mes enfants ajoutent encore à ces chagrins par leur indifférence envers moi.

Le jeune homme parut prendre un parti. Un sourire pâle erra sur sa bouche, et, tendant la main droite à sa mère, tandis que la gauche demeurait toujours appuyée sur le portrait :

— Merci, ma mère, dit-il ; il y a un peu de vrai mêlé à beaucoup d'exagération dans ce que l'on vous a dit. J'ai été souffrant, j'ai passé une nuit... agitée et je me suis levé deux heures plus tard que de coutume.

— Oh ! fit Catherine toute dolente.

— Mais, continua François II, je suis tout à fait remis à cette heure, et prêt à travailler avec vous, si c'est votre bon plaisir.

— Et pourquoi, mon cher enfant, dit Catherine en retenant la main de François dans une des siennes, qu'elle appuyait contre son cœur, et en passant l'autre dans ses cheveux, pourquoi avez-vous passé une nuit agitée ? Ne me suis-je pas réservé le poids de toutes les affaires en vous laissant, à vous, les seules joies de la royauté ? D'où vient que quelqu'un s'est permis de vous imposer une fatigue qui doit être la mienne; car je présume, n'est-ce pas ? que ce sont les intérêts de l'État qui vous ont agité.

— Oui, madame, répondit François II avec tant de précipitation, que Catherine eût deviné le mensonge, n'eût-elle pas su d'avance la véritable cause d'agitation de cette nuit, en effet, si agitée.

Mais elle se garda bien d'exprimer le moindre doute, et, au contraire, fit semblant d'ajouter une foi entière aux paroles de son fils.

— Quelque grand parti à prendre, n'est-ce pas? continua Catherine visiblement résolue à enferrer son fils jusqu'au bout; quelque ennemi à combattre, quelque injustice à réparer, quelque impôt à rendre moins lourd, quelque condamnation à mort à ratifier?...

A ces mots, François II songea, en effet, qu'on lui avait demandé la veille de fixer pour le soir même l'exécution du conseiller Anne Dubourg.

Il saisit avec vivacité la réplique qui lui était donnée.

— Justement! c'est cela, ma mère, répondit-il. Il s'agit d'une condamnation à mort à porter par un homme, cet homme fût-il roi, sur un autre homme. Une condamnation à mort est toujours si grave, que voilà la vraie cause du trouble où je suis depuis hier.

— Vous avez peur de signer la mort d'un innocent, n'est-ce pas?

— De M. Dubourg, oui, ma mère !

— C'est d'un bon cœur français et vous êtes le digne fils de votre mère. Mais sur ce point, par bonheur, il n'y a pas d'erreur à commettre. Le conseiller Dubourg a été reconnu coupable d'hérésie par trois juridictions différentes, et la signature que l'on vous demande, pour que l'exécution puisse avoir lieu ce soir, est une simple formalité.

— Et voilà ce qui est terrible, ma mère, dit François : c'est qu'une simple formalité suffise à trancher la vie d'un homme.

— Quel cœur d'or vous avez, mon fils, dit Catherine, et que je suis fière de vous ! Toutefois, il faut vous rassurer. Le salut de l'État avant la vie d'un homme, et, dans cette circonstance, vous avez d'autant moins de doute à avoir, qu'il faut que le conseiller meure, d'abord parce que sa mort est juste, ensuite parce qu'elle est nécessaire.

— Vous n'ignorez pas, ma mère, dit le jeune homme après un moment d'hésitation, et en pâlissant, que j'ai reçu deux lettres menaçantes.

— Menteur et lâche ! murmura Catherine entre ses dents.

Puis, tout haut, avec un sourire :

— Mon fils, dit-elle, c'est justement parce que vous avez reçu ces deux lettres menaçantes à propos de M. Dubourg qu'il faut condamner M. Dubourg : autrement, on croirait que vous

avez cédé à des menaces et que votre clémence
est de la terreur.

— Ah ! dit François, vous croyez cela ?

— Oui, je le crois, mon fils, répondit Catherine ; tandis qu'au contraire, si vous faites, à
son de trompe, publier ces deux lettres et, à la
suite des deux lettres, l'arrêt, il en reviendra
une grande gloire à vous et une grande honte à
M. Dubourg. Tous ceux qui ne sont en ce moment ni pour ni contre lui seront contre lui.

François parut réfléchir.

— A la nature de ces deux lettres, continua
Catherine, je ne serais même pas étonnée que
ce fût un ami qui les eût écrites et non un ennemi.

— Un ami, madame ?

— Oui, insista Catherine, un ami soucieux à
la fois du bonheur du roi et de la gloire du
royaume.

Le jeune homme baissa son regard terne sous
le regard aigu de sa mère.

Puis, après un instant de silence, relevant la
tête :

— C'est vous qui m'avez fait écrire ces deux
lettres, n'est-ce pas, madame ? dit-il.

— Oh ! dit Catherine d'un ton qui démentait
ses paroles, je ne dis pas cela, mon fils.

Catherine avait une double raison de laisser

croire à son fils que les deux lettres venaient d'elle. D'abord, elle le faisait rougir de sa lâcheté, ensuite elle lui enlevait la crainte que ces lettres pouvaient lui inspirer.

Le jeune homme, que ces lettres avaient cruellement inquiété et qui conservait un doute au fond de son esprit, lança sur sa mère un rapide regard de colère et de haine.

Catherine sourit.

— S'il pouvait m'étrangler, dit-elle en elle-même, il le ferait certainement à cette heure. Mais, par bonheur, il ne le peut pas.

Ainsi l'affectation de tendresse maternelle, les protestations de dévouement, les câlineries félines de Catherine, rien n'avait pu entamer le cœur de François. Aussi la reine mère vit-elle que ce qu'elle avait craint allait se réaliser, et qu'elle était sur le point de perdre, si elle n'y remédiait au plus vite, l'empire qu'elle avait sur lui.

Elle changea complétement et à l'instant même de plan d'attaque.

Elle poussa un soupir, secoua la tête et donna à son visage l'expression du plus profond abattement.

— Ah! mon fils, s'écria-t-elle, il faut donc que j'en arrive à être convaincue de ce que j'hésitais à croire, mais de ce dont il ne m'est plus permis de douter.

— De quoi, madame? demanda François.

— Mon fils, mon fils, dit Catherine en essayant d'appeler une larme à son secours, vous n'avez plus de confiance en votre mère!

— Que voulez-vous dire? répondit le jeune homme avec un air de sombre impatience. Je ne vous comprends pas.

— Je veux dire, François, que vous oubliez tout à coup quinze années de mortelle inquiétude, quinze années de veille à votre chevet; je veux dire que vous oubliez les terreurs où me jetait votre enfance maladive, les soins incessants dont ma sollicitude vous a entouré depuis le berceau.

— Je ne comprends point davantage, madame; mais j'ai été habitué à la patience : j'attends et j'écoute.

Et la main crispée du jeune homme donna un démenti à cette mansuétude dont il se vantait, en serrant le portrait de mademoiselle de Saint-André d'un mouvement presque convulsif.

— Eh bien, reprit Catherine, vous allez me comprendre. Je dis que, grâce à ces soins que j'ai eus de vous, François, je vous connais aussi bien que vous. Or, cette nuit a été pour vous pleine de trouble, je le sais, mais non point parce que vous avez pensé au salut de l'État, non point parce que vous avez hésité entre la rigueur et la clémence, mais parce que le secret de vos amours avec mademoiselle de Saint-André est dévoilé.

— Ma mère ! s'écria le jeune homme, auquel remontait au front tout ce qu'il avait avalé de honte et de colère pendant la nuit précédente.

François, habituellement pâle, d'une pâleur mate et malsaine, rougit comme si un nuage de sang passait sur son visage.

Il se leva, mais resta cramponné de la main au dossier de son fauteuil.

— Ah ! vous savez cela, ma mère ?...

— Que vous êtes enfant, François ! dit Catherine avec cette bonhomie qu'elle savait si bien affecter. Est-ce que les mères ne savent pas tout?

François resta muet, les dents serrées, les joues tremblantes.

Catherine continua de sa voix la plus douce :

— Voyons, mon fils, pourquoi m'avoir refusé la confidence de cette passion ? Sans doute, je vous eusse fait quelques reproches ; sans doute, je vous eusse rappelé à vos devoirs d'époux ; sans doute, j'eusse essayé de faire ressortir à vos yeux la grâce, la beauté, l'esprit de la jeune reine...

François secoua la tête avec un sombre sourire.

— Cela n'eût rien fait? reprit Catherine. Eh bien, voyant le mal incurable, je n'eusse plus essayé de le guérir, je vous eusse conseillé ! Une mère n'est-elle pas la providence visible de son enfant, et, en vous voyant si épris de mademoiselle de Saint-André, — car vous aimez beaucoup mademoiselle de Saint-André, à ce qu'il paraît...

— Beaucoup, oui, madame !

— Eh bien, alors, j'eusse fermé les yeux. Cela m'eût été plus facile de les fermer comme mère que de les fermer comme épouse... Pendant quinze ans, n'ai-je pas vu madame de Valentinois partager avec moi le cœur de votre père, parfois même me le prendre tout entier? Or, croyez-vous que ce qu'une femme a fait pour son mari, une mère ne puisse pas le faire pour son fils? N'êtes-vous pas mon orgueil, ma joie, mon bonheur? D'où vient donc que vous ayez sournoisement aimé sans me le dire?

— Ma mère, répondit François II avec un sang-froid qui eût fait honneur à sa dissimulation aux yeux de Catherine elle-même si elle eût pu deviner ce qui allait suivre, ma mère, vous êtes en vérité si bonne pour moi, que je rougis de vous tromper plus longtemps. Eh bien, oui, je l'avoue, j'aime mademoiselle de Saint-André !

— Ah ! fit Catherine, vous voyez bien...

— Remarquez, ma mère, ajouta le jeune homme, que c'est la première fois que vous me parlez de cet amour, et que, si vous m'en aviez parlé plus tôt, n'ayant aucune raison de vous le cacher, attendu que cet amour est non-seulement dans mon cœur, mais encore dans ma volonté, si vous m'en aviez parlé plus tôt, je vous l'eusse avoué plus tôt.

— Dans votre volonté, François ? fit Catherine étonnée.

— Oui, n'est-ce pas, cela vous étonne que j'aie une volonté, ma mère ? Mais il y a une chose qui m'étonne, moi aussi, dit le jeune homme en la regardant fixement, c'est que vous veniez jouer ce matin vis-à-vis de moi cette comédie de tendresse maternelle, quand c'est vous qui, cette nuit, avez livré mon secret à la risée de la cour, quand c'est vous qui êtes la seule cause de ce qui est arrivé.

— François ! s'écria la reine mère, de plus en plus étonnée.

— Non, continua le jeune homme, non, madame, je ne dormais pas ce matin quand vous m'avez envoyé chercher. Je recueillais tous les renseignements sur la cause première de ce scandale, et, de tous les renseignements que j'ai recueillis, il est résulté pour moi la certitude que c'est vous qui m'avez tendu le piége dans lequel je suis tombé.

— Mon fils! mon fils! prenez garde à ce que vous dites! répondit Catherine les dents serrées et en jetant sur son fils un regard brillant et acéré comme la lame d'un poignard.

— D'abord, madame, convenons d'une chose, c'est qu'il n'y a plus de fils, c'est qu'il n'y a plus de mère entre nous.

Catherine fit un mouvement qui tenait le milieu entre la menace et la terreur.

— Il y a un roi qui est, grâce à Dieu, devenu majeur; il y a une reine régente qui n'a plus rien à faire, si ce roi le veut, aux affaires de l'État. On règne à quatorze ans en France, madame, et j'en ai seize. Eh bien, je suis las de ce rôle d'enfant que vous continuez à me faire jouer quand je n'en ai plus l'âge. Je suis fatigué de me sentir autour des reins une lisière, comme si j'étais encore au maillot. Enfin, et pour tout dire, madame, à partir d'aujourd'hui, nous reprendrons, s'il vous plaît, chacun notre véritable place. Je suis votre roi, madame, et vous n'êtes que ma sujette...

Le tonnerre tombant au milieu de cette chambre n'eût pas produit un effet plus terrible que cette apostrophe foudroyante tombant au milieu des projets de Catherine. Ainsi donc, ce qu'elle avait cru dire dans son hypocrite raillerie était vrai. Elle avait pendant seize années élevé, soigné, conduit, instruit, dirigé cet enfant rachitique ; elle avait, comme les dompteurs de bêtes fauves de nos jours, appauvri, épuisé, énervé ce lionceau, et voilà que, tout à coup, ce lionceau se réveillait, grondait, montrait ses griffes, dardait sur elle ses yeux ardents, et s'élançait contre elle de toute la longueur de sa chaîne. Qui pouvait répondre que, s'il brisait cette chaîne, il ne la dévorerait pas ?

Elle recula épouvantée.

Pour une femme comme Catherine de Médicis, il y avait de quoi frémir, en effet, à ce qu'elle venait de voir, à ce qu'elle venait d'entendre.

Et ce qui l'effrayait davantage, peut-être, ce n'était pas l'éclat de la fin, c'était la dissimulation du commencement.

Savoir dissimuler, pour elle, c'était tout ; la force de cette politique cauteleuse rapportée par elle de Florence, c'était la dissimulation.

Et c'était une femme, une jeune fille, presque

une enfant, qui avait produit ce changement, régénéré cette créature maladive, donné à cet être chétif la hardiesse de dire ces étranges paroles : « A partir d'aujourd'hui, je suis votre roi, et vous n'êtes que ma sujette . »

— La femme qui a opéré cette étrange métamorphose, songea Catherine, la femme qui a fait de cet enfant un homme, de cet esclave un roi, de ce nain un géant, cette femme-là, je puis entrer en lutte avec elle.

Puis, tout bas, et comme pour se redonner des forces :

— Vrai Dieu ! murmura la reine mère, j'étais lasse de n'avoir affaire qu'à un fantôme. — Ainsi, dit-elle à François toute prête à soutenir la lutte, si inattendue qu'elle fût, ainsi c'est moi que vous accusez d'être l'auteur du scandale de cette nuit ?

— Oui, répondit sèchement le roi.

— Vous accusez votre mère sans être sûr qu'elle soit coupable. C'est d'un bon fils !

— Direz-vous, madame, que le coup ne soit point parti de chez vous ?

— Je ne vous dis pas que le coup ne soit point parti de chez moi, je vous dis que le coup n'est point parti de moi.

— Mais qui donc alors a trahi le secret de

mon rendez-vous avec mademoiselle de Saint-André?

— Un billet.

— Un billet ?

— Un billet tombé de la poche de madame l'amirale.

— Un billet tombé de la poche de madame l'amirale, quelle plaisanterie !

— Dieu me garde de plaisanter avec ce qui vous est une douleur, mon fils !

— Mais ce billet, de qui était-il signé?

— Il ne portait pas de signature.

— Par qui était-il écrit?

— L'écriture m'en était inconnue.

— Mais, enfin, ce billet, qu'est-il devenu?

— Le voici ! dit la reine mère, qui l'avait gardé.

Et elle présenta le billet au roi.

— L'écriture de Lanoue ! s'écria le roi.

Puis, après une seconde, avec un étonnement croissant :

— Mon billet, dit-il.

— Oui, mais convenez qu'il n'y avait que vous qui pussiez le reconnaître.

— Et vous dites que ce billet est tombé de la poche de madame l'amirale?

— Si bien tombé de la poche de madame

l'amirale, que tout le monde a cru que c'était d'elle qu'il était question et que c'était elle que l'on allait surprendre ; sans quoi, ajouta Catherine, en levant les épaules et en souriant avec dédain, sans quoi, vous figurez-vous que les deux personnes que vous eussiez aperçues en ouvrant les yeux eussent été le maréchal de Saint-André et M. de Joinville ?

— Et le secret de toute cette intrigue dirigée contre moi et une femme que j'aime ?

— Madame l'amirale peut seule vous le donner.

François porta à ses lèvres un petit sifflet d'or et fit entendre un sifflement aigu.

Un officier souleva la portière.

— Que l'on coure à l'hôtel de l'amiral, rue de Béthisy, et que l'on dise à madame l'amirale que le roi veut lui parler à l'instant même.

En se retournant, François rencontra le regard fixe et sombre de sa mère, rivé sur lui.

Il se sentit rougir.

— Je vous demande pardon, ma mère, dit-il assez honteux que son accusation eût porté à faux, je vous demande pardon de vous avoir soupçonnée.

— Vous avez fait plus que me soupçonner, François, vous m'avez gravement et durement accusée. Mais je ne suis pas votre mère pour rien, et je suis disposée à supporter bien d'autres accusations.

— Ma mère !

— Laissez-moi continuer, dit Catherine en fronçant les sourcils ; car, sentant plier son adversaire, elle comprenait que c'était le moment d'appuyer sur lui.

— Je vous écoute, ma mère, dit François.

— Vous vous êtes donc trompé en ceci d'abord, et, en second lieu, vous vous êtes trompé encore et plus lourdement en m'appelant votre sujette. Je ne suis pas plus votre sujette, entendez-vous ! que vous n'êtes et ne serez jamais mon roi. Je vous répète que vous êtes mon fils, rien de plus, rien de moins.

Le jeune homme grinça des dents et pâlit jusqu'à la lividité !

— C'est vous, ma mère, dit-il avec une énergie que Catherine ne soupçonnait pas en lui, c'est vous qui vous méprenez étrangement : je suis votre fils, c'est vrai, mais c'est parce que je suis votre fils aîné que je suis en même temps le roi, et je vous le prouverai, ma mère !

— Vous ! fit Catherine en le regardant comme fait une vipère prête à s'élancer ; vous... roi !... et vous me prouverez que vous l'êtes, dites-vous ?...

Elle éclata d'un rire dédaigneux et saccadé.

— Vous me le prouverez... et de quelle façon ? Vous croyez-vous donc de taille à lutter de politique avec Élisabeth d'Angleterre et avec Philippe II d'Espagne ? Vous me le prouverez ! comment ? en rétablissant la bonne harmonie entre les Guises et les Bourbons, entre les huguenots et les catholiques ? Vous me le prouverez ! est-ce en vous mettant à la tête des armées, comme votre aïeul François Ier ou votre père Henri II ? Pauvre enfant ! vous, roi ! mais vous ne savez donc pas que je tiens entre mes mains votre destinée et votre existence ?... Je n'ai qu'à dire un mot, et la couronne vous glisse de la tête ; je n'ai qu'à faire un signe, et l'âme s'envole de votre corps. Regardez et écoutez, si vous avez des yeux et des oreilles, et vous verrez, monsieur mon fils, comment le peuple traite son roi. Vous... roi ! malheureux que vous êtes ! le roi, c'est le plus fort... et regardez-vous et regardez-moi.

En prononçant ces dernières paroles, Catherine était effrayante à voir.

Elle s'approcha menaçante, comme un spectre, du jeune roi, qui recula de trois pas et alla s'appuyer contre le dossier du fauteuil comme prêt à s'évanouir.

— Ah ! dit la Florentine, vous voyez bien que je suis toujours la reine, et que vous n'êtes, vous, qu'un mince et faible roseau que le moindre souffle courbe à terre ; et vous voulez régner... Mais cherchez donc autour de vous ceux qui règnent en France, ceux qui seraient les rois, si je n'étais pas là pour les repousser du poing chaque fois qu'ils veulent mettre le pied sur le premier degré de votre trône. Voyez M. de Guise, par exemple, ce gagneur de batailles, ce preneur de villes : mais il a cent coudées, monsieur mon fils , et votre tête même, avec sa couronne, ne lui va pas au talon.

— Eh bien, ma mère, je mordrai au talon M. de Guise. C'est par le talon qu'Achille fut tué, à ce que l'on m'a appris, et je régnerai malgré lui et malgré vous.

— Oui, c'est cela ; et, quand vous aurez mordu au talon M. de Guise, quand votre Achille sera mort, non pas de la morsure, mais du venin, qui combattra les huguenots ?...Ne vous y trompez pas, vous n'êtes ni beau comme Pâris, ni brave comme Hector. Savez-vous qu'après M. de Guise vous n'avez plus qu'un grand capitaine en France, car j'espère bien que vous ne comptez pas pour tels votre idiot de connétable de Montmorency, qui s'est fait battre dans tous les combats qu'il a commandés, ni votre courtisan de maréchal de Saint-André, qui n'a vaincu que dans les antichambres. Non! vous n'avez plus qu'un grand capitaine, et c'est M. de Coligny. Eh bien, ce grand capitaine, avec son frère Dandelot presque aussi grand que lui, sera demain, s'il ne l'est aujourd'hui, à la tête du plus formidable parti qui ait jamais menacé un État. Regardez-les et regardez-vous ; comparez-vous à eux, et vous verrez qu'ils sont des chênes puissamment enracinés dans la terre, et que vous n'êtes qu'un misérable roseau pliant au souffle de tous les partis.

— Mais, enfin, que voulez-vous, qu'exigez-vous de moi? Ne suis-je donc qu'un instrument entre vos mains, et faut-il que je me résigne à être un jouet pour votre ambition?

Catherine comprima le sourire de joie tout prêt à errer sur ses lèvres et à la trahir. Elle commençait de ressaisir son pouvoir, elle touchait du bout du doigt le fil de la marionnette qui un instant avait eu la prétention d'agir seule, et elle allait de nouveau la faire mouvoir à sa guise. Mais elle ne voulut rien laisser paraître de son triomphe, et, ravie de ce commencement de défaite, elle résolut de compléter sa victoire.

— Ce que je veux, ce que j'exige de vous, mon fils, dit-elle de sa voix hypocrite, plus terrible peut-être dans la câlinerie que dans la menace, mais rien de plus simple : c'est que vous me laissiez établir votre puissance, assurer votre bonheur, rien de plus, rien de moins. Que m'importe le reste! Est-ce que je songe à moi en parlant comme je fais et en agissant comme je parle? Est-ce que tous mes efforts ne tendent pas à vous rendre heureux? Eh ! mon Dieu! croyez-vous donc que le fardeau d'un gouvernement soit chose si agréable et si légère, que j'aie plaisir à le porter! Vous parlez de mon ambition. Oui, j'en ai une : c'est de lutter jusqu'à ce que j'aie renversé vos ennemis, ou qu'ils se soient du moins usés les uns après les autres. Non ! François, dit-elle avec un apparent abandon, le jour où je vous verrai l'homme que je veux, le roi que j'espère, je vous remettrai avec joie, croyez-le bien, la couronne sur la tête et le sceptre entre les mains. Mais, si je le faisais aujourd'hui, ce serait un roseau que je vous rendrais au lieu d'un sceptre, une couronne d'épines que je vous mettrais sur la tête au lieu d'une couronne d'or. Grandissez, mon fils ! fortifiez-vous, mûrissez sous les yeux de votre mère comme un arbre sous le regard du soleil, et alors, et alors grand... fort et mûr, soyez roi !

— Que faut-il donc faire pour cela, ma mère ? s'écria François avec un accent presque désespéré.

— Je vais vous le dire, mon fils. Il faut renoncer, avant tout, à la femme qui est la cause première de tout ceci.

— Renoncer à mademoiselle de Saint-André ! s'écria François, qui s'attendait à tout, hors à cette condition ; renoncer à mademoiselle de Saint-André ! répéta-t-il avec une rage concentrée. Ah ! c'était donc là que vous en vouliez venir !...

— Oui, mon fils, dit froidement Catherine, renoncer à mademoiselle de Saint-André.

— Jamais, ma mère ! répondit François d'un air résolu et avec cette énergie dont il avait déjà fait preuve deux ou trois fois depuis le commencement de la conversation.

— Je vous demande pardon, François, dit la Florentine du même ton doux mais absolu. Il faut renoncer à elle, c'est le prix que je mets à notre réconciliation, sinon... non !

— Mais vous ne savez donc pas que je l'aime éperdument, ma mère ?

Catherine sourit de cette naïveté de son fils.

— Où donc serait le mérite de renoncer à elle, si vous ne l'aimiez pas? dit-elle.

— Mais pourquoi donc renoncer à elle, mon Dieu !

— Dans l'intérêt de l'État.

— Qu'a donc à faire mademoiselle de Saint-André avec l'intérêt de l'État? demanda François II.

— Voulez-vous que je vous le dise ? demanda Catherine.

Mais le roi, l'interrompant comme si d'avance il ne doutait pas de sa logique :

— Écoutez, ma mère, dit-il, je connais le génie suprême que Dieu a mis en vous ; je reconnais la mollesse et l'inertie qu'il a mises en moi ; enfin, je reconnais votre autorité présente et future et je m'en rapporte aveuglément à vous en matière politique, et dès qu'il s'agit des intérêts du royaume que vous gouvernez si savamment. Mais, à ce prix, ma mère, au prix de cet abandon que je vous fais de tous ces droits qui seraient si précieux pour un autre, je vous prie de me laisser la libre gestion de mes affaires intimes.

— En toute autre occasion, oui ! et je croyais même que vous n'aviez rien à me reprocher à ce sujet. Mais aujourd'hui, non !

— Mais pourquoi non aujourd'hui? pourquoi cette sévérité justement, à propos de la seule femme que j'aie encore véritablement aimée?

— Parce que cette femme, plus que toute autre, mon fils, peut amener la guerre civile dans vos États, parce qu'elle est la fille du maréchal de Saint-André, un de vos plus dévoués serviteurs.

— J'enverrai M. de Saint-André commander dans quelque grande province, et M. de Saint-André fermera les yeux. D'ailleurs, M. de Saint-André est tout entier en ce moment à son amour pour sa jeune femme, et sa jeune femme sera bien aise de s'éloigner d'une belle-fille, sa rivale en esprit et en beauté.

— Il est possible que cela soit ainsi à l'endroit de M. de Saint-André, dont la jalousie est devenue proverbiale et qui tient sa femme enfermée ni plus ni moins qu'un Espagnol du temps du Cid. Mais M. de Joinville, M. de Joinville, qui aimait passionnément mademoiselle de Saint-André et qui devait l'épouser, fermera-t-il les yeux, lui? et, s'il consent à les fermer par respect pour le roi, les fermera-t-il à son oncle le cardinal de Lorraine, à son père le duc de Guise? En vérité, François, permettez-moi de vous le dire, vous êtes un pauvre diplomate, et,

si votre mère n'y veillait pas, avant huit jours
le premier voleur de royauté vous prendrait
votre couronne sur la tête comme le premier
tire-laine venu prend un manteau sur l'épaule
d'un bourgeois. Une dernière fois, mon fils, il
faut renoncer à cette femme, et, à ce prix, entendez-vous ! nous nous réconcilions franchement, je vous le répète, et j'arrangerai la chose
avec MM. de Guise. Me comprenez-vous et
m'obéirez-vous ?

— Oui, ma mère, je vous comprends, dit
François II ; mais je ne vous obéirai pas.

— Vous ne m'obéirez pas ! s'écria Catherine se heurtant, pour la première fois, contre un entêtement qui, pareil au géant An-
tée, reprenait des forces quand on le croyait
vaincu.

— Non ! continua François II, non, je ne vous
obéirai pas et je ne puis pas vous obéir. J'aime,
vous dis-je ; je suis dans les premières heures
d'un premier amour et rien ne saurait me con-
traindre à y renoncer. Je sais que je suis engagé
dans une voie épineuse ; peut-être me con-
duit-elle à un but fatal ; mais, je vous le dis,
j'aime et je ne veux pas regarder au delà de ce
mot.

— C'est bien résolu, mon fils ?

Il y avait dans ces deux mots *mon fils*, ordinairement si doux dans la bouche d'une mère, un ton d'indescriptible menace.

— C'est bien résolu, madame, répondit François II.

— Vous acceptez les suites de votre fol entêtement, quelles qu'elles soient?

— Quelles qu'elles soient, je les accepte, oui !

— Alors, adieu, monsieur ! je sais ce qui me reste à faire.

— Adieu, madame !

Catherine fit quelques pas vers la porte et s'arrêta.

— Vous ne vous en prendrez qu'à vous, dit-elle tentant une dernière menace.

— Je ne m'en prendrai qu'à moi.

— Songez que je ne suis pour rien dans cette folle résolution que vous prenez de lutter contre vos véritables intérêts ; que, si malheur arrive soit à vous, soit à moi, toute la responsabilité pèsera sur vous seul...

— Soit ! ma mère, j'accepte cette responsabilité.

— Adieu donc, François ! dit la Florentine avec un rire et un regard terribles.

—Adieu, ma mère ! répondit le jeune homme

avec un rire non moins méchant, avec un regard non moins menaçant.

Et le fils et la mère se séparèrent pleins d'une haine profonde l'un contre l'autre.

FIN DU TOME DEUXIÈME.

TABLE DES CHAPITRES

DU DEUXIÈME VOLUME.

FIN DE LA TABLE.

www.ingramcontent.com/pod-product-compliance
Ingram Content Group UK Ltd.
Pitfield, Milton Keynes, MK11 3LW, UK
UKHW021517090726
13657UKWH00001B/307